新幹線60年大百科

南 正時

イカロス出版

目次

はじめに

昭和39（1964）年6月、武生から乗った準急列車は米原駅手前の東海道新幹線の高架との交差区間に次第に近づいていった。その時、東京方面からゆっくりと「夢の超特急」が近づいてきた。開業前の試運転電車だった。予期せぬ出来事に慌ててカメラを取り出しシャッターを切ったが、無情にも枚数は3コマだけ、夢中で撮ったフィルムはあっという間に切れた。

私が17歳の時の「夢の超特急」との初めての遭遇だった。

あれから60年……。

令和5（2023）年9月から、延伸開業する北陸新幹線金沢―敦賀区間でW7系電車による走行試験が開始された。延伸区間にはわがふるさとの「越前たけふ駅」がある。試運転電車が走り始めた時には撮影しようと、5年前から工事中の高架橋を見て撮りたいと思っていた。「越前たけふ駅」南方の武生の象徴・越前富士といわれる雪を頂いた「日野山」を借景に撮りたいと思っていた。

60年前の試運転列車は偶然の遭遇だったが、今回は通過時間も分かっている。待つ時間は60年間の新幹線への思いが走馬灯のように私の記憶の中を駆け巡った。

やがて日野山を貫く「武生トンネル」から飛び出してくるＷ７系の前照灯が見えた。私は60年の新幹線人生に気持ちを込めてデジタルカメラのシャッターに手をかけた。

本書は私が初めて新幹線と遭遇した時と、本年はちょうど「新幹線開業60年」の節目にあたるところから新幹線に「夢」と「希望（のぞみ）」を持ち続けたひとりの鉄道写真家の60年の軌跡を綴った極めて個人的な本であることをご理解頂きたいと思っている。

南正時

夢の超特急に遭遇

東海道新幹線開業の4ヶ月前、私は武生から準急に乗って米原に向かっていた。やがて新幹線との交差区間に近づいた時、伊吹山を借景に真新しい高架橋に「夢の超特急」が見えた。私は持っていたカメラで夢中でシャッターを切ったが、無情にも3枚撮影したところでフィルムが切れた。この試運転電車は私の鉄道写真活動の最初のカットになった。

東海道新幹線岐阜羽島―米原　昭和39（1964）年6月

「新幹線構想」は戦前から工事が始まり、戦後は国鉄技師長島秀雄に引き継がれた。

昭和41（1966）年の新幹線ホームから見た東京駅八重洲口の風景。当時は12両編成のため広く駅前広場が臨まれた。駐車場には懐かしい昭和の自動車が止まっている。

世界初の超高速列車「新幹線」はこうして生まれた

昭和10年代に国鉄内部で東京―下関間に高速専用線（新幹線）を敷く計画が持ち上がった。東海道本線の輸送力が将来限界に達すること、遠く欧州まで大陸への鉄道の足掛かりに、というのが建設促進の目的だった。

「鉄道幹線調査分科会」が設立され、専用軌道（新幹線）は広軌（１４３５㎜標準軌）鉄道による最高速度２００㎞／ｈの超高速鉄道ということから「弾丸列車」という言葉が使われた。そのプロジェトはこれまで多くの機関車の設計製造に携わり、広軌鉄道を推進した島安次郎（１８７０―１９４６）と、その息子の島秀雄（１９０１―１９９８）が務めた。

この計画は昭和16（１９４１）年に工期15年の予定で工事が着工され、新丹那、日本坂、東山トンネルなど難工事が予想される所から着手、ルートも現在の東海道・山陽新幹線とほぼ同じルートで下関に至るもので、この弾丸列車に計画された機関車は旅客用ＳＬはＨＤ53、旅客用ＥＬのＨＥＦ50などの機関車が設計された。ＥＬは最高速度２００㎞／ｈを誇る計画だった。

戦前の弾丸列車構想では電気機関車と共にSLのHD53(鉄道博物館所蔵)が計画された。その原形は満鉄のパシナ形機関車だった。

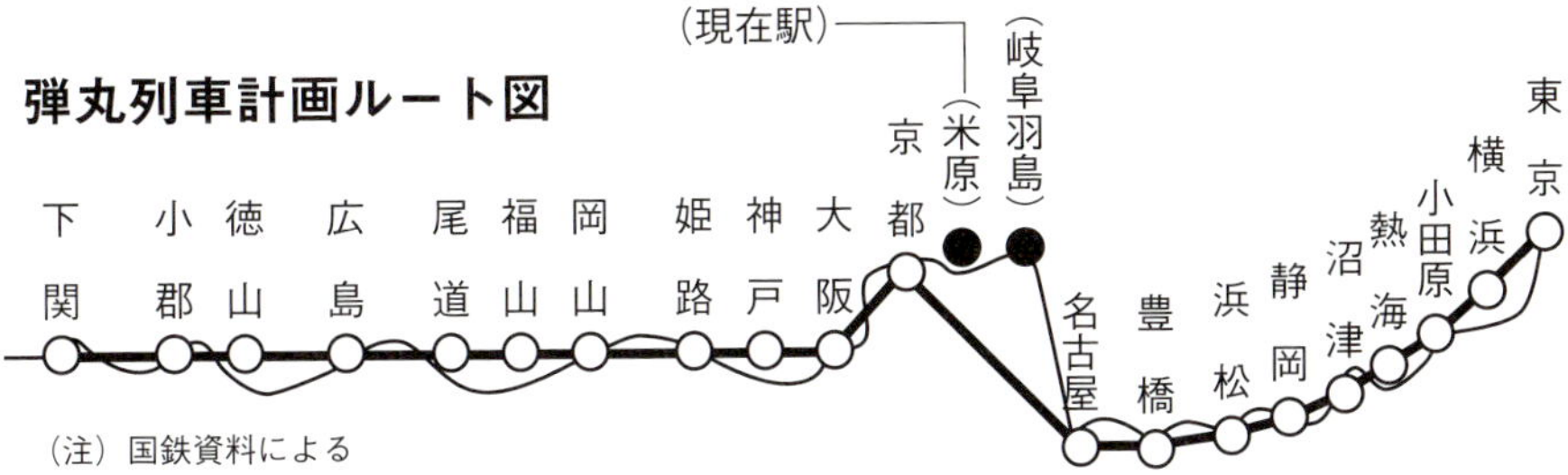

計画された弾丸列車の路線図。最終的には大陸を結ぶ壮大な計画だった。

この機関車の設計にあたり、昭和15（1940）年には島はすでに南満州鉄道（中国東北部）で特急「あじあ」号を牽く最高速度130km/hで走る流線形のパシナ形SLを視察して「これ以上の速度は可能だ……」という確証を得たという。

こうして、島安次郎、秀雄の夢乗せた弾丸列車は実現に向かって突き進んでいった。しかし、第二次大戦下、昭和18（1943）年に工事は中止された。このときトンネルもいくつかは貫通し、土地買収も進んでいた。

やがて終戦を迎え戦後経済が復興すると東海道本線の輸送力が限界に近づき、再び広軌新線構想が検討されはじめた。このプロジェクトには島秀雄も加わった。そして昭和34（1959）年4月に工事が開始された。新しい鉄道は「新幹線」と呼ばれ、交流電化方式・最高時速は210km/hの電車が計画され、島安次郎、秀雄親子が目指した「広軌鉄道弾丸列車・夢の超特急」が大きく進んだ。試運転用の鴨宮モデル線が小田原付近に完成して昭和37（1962）年には試作車も登場してこのモデル線区で試運転を繰り返し最高速度256km/hを記録した。

営業用の新幹線電車（後の0系）の設計に携わった1人に元国鉄技師島隆がいた。あの「新幹線の生みの親」といわれ

戦後「弾丸列車」構想は「新幹線」として建設が開始された。鴨宮モデル線が完成して1962年には2編成の試作車1000形が登場、最高速度256km/hを記録した。国鉄広報写真・所蔵／南正時

昭和39(1964)年10月1日に東京オリンピック開催に合わせて東京—新大阪間が開業した。「弾丸列車」は「新幹線」として生まれ変わり世界最高速度200km/hで東海道を疾走した。国鉄広報写真・所蔵／南正時

「新幹線発祥の地」
鴨宮には鴨宮モデル線が建設され、その線が新幹線の路線として使われている。

「新幹線」という地名
丹那トンネルのある函南駅近くには「新幹線」地区という地名が残る。これは戦前の弾丸列車の新丹那トンネル工事のため各地から集結したトンネル労働者が住んでいた名残りだ。

た島秀雄の次男だ。昭和33（1958）年に新幹線の設計メンバーとして加わった。新幹線電車設計の担当は高速運転に耐えうる在来線電車の2倍の強度を持つ台車だった。

日本初の超高速電車は試験走行を繰り返し、ついに昭和39（1964）年10月1日に東京オリンピック開催に合わせて東京―新大阪間に世界初の時速200km/h営業運転を行う「弾丸列車」こと「東海道新幹線」が開業した。

しかし、華やかな開業式には島秀雄と、新幹線を実現に導いた前国鉄総裁十河信二（1884―1981）の姿はなかった。予算超過の責任を取って開業前に辞任したのである。

この超高速鉄道「SHINKANSEN」は広く海外で絶賛され東海道新幹線は「Bullet train（弾丸列車）と尊敬を込めた言葉で伝えられ、フランスのTGVやドイツのICEなど高速鉄道開発のきっかけを作った。その後もより高速化、高性能車両の登場などで新幹線は飛躍的な発展を遂げ日本の経済発展、生活向上に大きな功績を残した。そして、当時詰め腹を切らされその地位を追われた島秀雄も十河信二も日本の鉄道の恩人「新幹線をつくった男」として顕彰、尊敬されるようになった。島秀雄は昭和44（1969）年には英国機械学会のジェームズ・ワット賞を日本人として初受賞。

上／島秀雄と共に「新幹線をつくった男」が当時の国鉄総裁だった十河信二だ。(写真提供：十河信二記念館)
左上／西条市の四国鉄道文化館には当地出身の十河信二元国鉄総裁が顕彰展示されている。
左下／四国鉄道文化館には0系新幹線と、四国を走ったDF50形機関車が静態保存されていて、車内の見学も可能だ。

新幹線開業記念碑は東京駅新幹線18－19番線ホームの新大阪方にある。第4代国鉄総裁 十河信二の自筆と共に顕彰している。

名古屋市の「リニア・鉄道館」(JR 東海) には東海道新幹線の歴史資料の展示があり、島秀雄・十河信二両氏の顕彰コーナーがある。

平成6（1994）年には鉄道関係者としては初めて文化勲章を受章した。

その後も我が国の高速鉄道「新幹線」は国鉄からJRに移行後も大きく発展し、山陽新幹線、東北・上越新幹線、北陸新幹線、九州新幹線や、「ミニ新幹線」方式の山形、秋田新幹線なども誕生して、文字通り「SHINKANSEN」は広く世界に知られるところとなった。

現役時代の０系 (新幹線電車) の運転台。昭和 53（1978）年東京第一運転所にて営業車で撮影。

初期の新幹線電車（0系）の2等車（普通車）の座席。横に5席（海側3席、山側2席）の方向転換クロスシートで、リクライニングシートではなかった。

■0系の車内徹底調査

新幹線の始まりということで「0（ゼロ）」系と名付けられたが、その車体もさることながら車内設備も、これまでの国鉄の特急列車にはないさまざまな接客設備が完備していた。

まず座席であるが、2等車（普通席）は横5席の転換座席、大阪方面に向かって左の海側は3席で窓側からABC席と続き、右の山側は2席でDE席となっていた。当時はリクライニング機能はなく背もたれの向きを変えることによって方向を転換した。標準軌（1435㎜）のため車体が全体に大きくなり座席も増え、より大量輸送が可能になったのだ。

一方の1等車（グリーン車）は横4席のゆったりサイズでリクライニング座席とフットレストを備えていて、各座席には毛布のサービスもあった。

■0系の食堂車

営業当初にはカウンター席を備えた半ビュッフェ車があり、軽食や飲み物などが提供された。スピード自慢の新幹線だけにビュッフェの壁には速度計が設置してあり、最高速度210㎞／hの表示を求めて乗客がビュッフェに殺到したこともあった。ビュッフェには公衆電話もあり交換士を通じて通話

時速210キロのレストラン

初期の食堂車は海側には大窓が設置され時速２１０㎞で走る車窓の風景を楽しめたが、山側には通路があったため間仕切りによって窓はなく、肝心の富士山が見えないと不満と抗議が国鉄に寄せられため、昭和54（１９７９）年10月から山側にも窓が設けられ、富士山を見ながら食事が楽しめるようになった。

好評を博した新幹線の食堂車は次世代の１００系電車の食堂車に受け継がれることになる。

MENU

日本食堂

シチュービーフ・ア・ラ・モードディナー
…………………………… 2,000円

ひかり＆カレー列車
南国の香りを載せて210km/h。ひかり521・178・91・94号で本場の味をどうぞ！
インド風ビーフカレー ………… 1,200円
（サラダ・コーヒー付）

ビュフェとうきょう

ビーフステーキ定食 ………… 2,300円
ビーフシチュー定食 ………… 2,000円
エビと魚のフライ定食 ………… 1,700円
ハンバーグステーキ定食 ……… 1,600円
ミックスサンドイッチ ………… 600円

帝国ホテル列車食堂

牛肉の串焼定食 ………………… 2,100円
えびと魚フライ盛り合せ定食
…………………………… 1,800円
ハンバーグステーキ定食 ……… 1,600円
チキンピラフ ……………………… 700円
※定食には、サラダ・コーヒー・デザートが付きます。

都ホテル列車食堂

サーロインステーキ定食（鉄板焼）
…………………………… 3,500円
若鶏の照焼定食（鉄板焼） …… 1,600円
和風とんかつ定食（赤だし・サラダ付）
…………………………… 1,500円
ハンバーグステーキ定食 ……… 1,400円
（コーヒー・サラダ付）

が繋がる方式だった。

「名門レストラン４社味の競演」

０系「ひかり」に食堂車が営業を始めたのは山陽新幹線博多開業前年の昭和49（１９７４）年９月５日からで、９号車のビュッフェの隣、８号車に連結された。

２人用、４人用のテーブルがあり、定員は42人。営業開始の際は「レストラン２１０㎞／h」と国鉄ではＰＲした。食堂車の業者は当時、日本食堂、ビュフェとうきょう、帝国ホテル列車食堂、都ホテル列車食堂など有名レストラン４社が味を競っていた。

新形300系が台頭して0系は働き場をなくしていった。そして平成20（2008）年12月14日。山陽新幹線での営業運転を終了した。

新幹線電車(0系)を見送る人たち。昭和41（1966）年8月東京駅で撮影

0系新幹線の引退

「団子鼻」の愛称で人気のあった0系新幹線は昭和39（1964）年の東海道新幹線開業以来走り続けてきたが、平成11（1999）年9月18日、ついに東海道新幹線区間から引退の日を迎えた。すでに300系、500系、700系は最高速度270km/h走行であり東海道新幹線内の速度に0系の220km/hでは運行ダイヤ上支障が出るというのが理由だった。引退にあたっては東京駅と名古屋駅でそれぞれ「引退式」が挙行された。

東海道新幹線から引退した後も、新大阪―博多間の山陽新幹線内は短編成ながら0系は走っていたが、ついに平成20（2008）年12月14日、東海道・山陽新幹線の初代車両「0系」はすべての営業運転を終了した。最後の営業運転は、新大阪発博多行きの「ひかり347号」だった。

世界初時速200キロ！
高速列車誕生

東海道新幹線といえば車窓に見える富士山が旅の気分を盛り上げてくれる。その風景は「世界一の鉄道風景」と言える。私も撮影で０系からN700S、ドクターイエローまで何度、この地に通ったことか。三島—静岡（当時）間で昭和51（1976）年１月撮影。

牧ノ原台地の茶畑を疾走する０系「ひかり」。最高速度 210km/h で走る新幹線は私にとっては「夢の超特急」だったが、当時は新幹線にカメラを向ける鉄道ファンは少なかった。それだけに私は新幹線の雄姿を多く記録に残している。この写真も好きな写真の一枚である。新富士 (当時は三島)―掛川 (当時は浜松) 間で昭和 53（1978）年５月撮影

団子鼻がズラリ並んだ0系の雄姿。この写真は国鉄東京第一運転所大井支所（現・大井車両基地）で始発前に国鉄新幹線総局の依頼で撮影した写真である。写真を撮り終えると0系たちは次々と出庫して行きそれぞれの仕業についた。今となっては貴重な「0系勢ぞろい」である。昭和53（1978）年6月撮影

弾丸列車・0系はかくして実現した

■「原点で最初の始まり」0系の誕生

昭和37（1962）年6月に試作車の1000形A編成とB編成が完成。東海道本線鴨宮付近に先行して建設した「鴨宮モデル線」で走行試験が行われ、B編成は当時の（電車における）世界最高速度の256㎞／hをマークした。

昭和39（1964）年の東海道新幹線開業に合わせて登場した、初代の営業用新幹線電車は同時に「世界初の超高速列車」であり、営業最高速度210㎞／hで東海道新幹線を疾走した。

開業当初に登場した電車は、特別な系列の呼び名はなく「新幹線（旅客）電車」が正式な呼び方だった。ところが、昭和55（1980）年に東北・上越新幹線用に新形車両の200系が登場することより、系列を分類する必要が生じ、東海道新幹線の電車は新幹線の原点で最初の始まりという意味の「0・ゼロ」を意味する「0系」と公式に呼ばれるようになった。

この0系は試作車で得たデータを生かし客室の気密性や、当時の航空機の先頭部分を思わせるスマートな流線形スタイルで、日本ではこれまでにないスタイルとなり、車体色はア

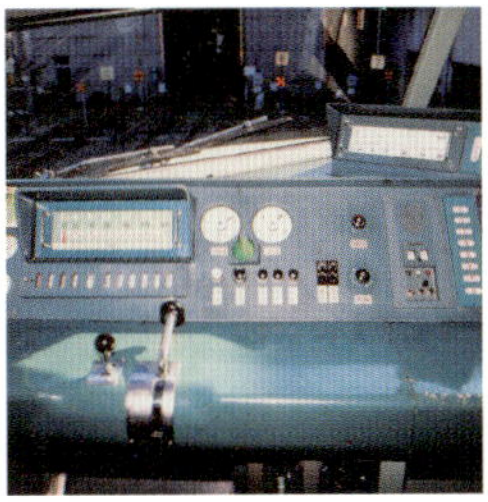

右上／品川駅に隣接して建設された東京第一運転所。ずらり0系の車両基地だった。現在は大規模開発でオフィスビルが建っている。　左／東京第一運転所に揃った0系9次車K41、K42編成。　下／0系の全般検査は国鉄浜松工場で行なわれた。30トンクレーンで吊るされ、現場では“空飛ぶ新幹線”と言われた。　右／0系の運転台は営業運転ではなかなか見る機会がなかったが、取材時には撮影ができた。

イボリーホワイトとブルーのツートンカラーを採用した。この塗装は「新幹線カラー」と呼ばれ、色調は変わっているものの、ホワイトとブルーという基本的なカラーリングは東海道新幹線の最新形電車まで受け継がれている。

■憧れの列車だった「SHINKANSEN」

当時「SHINKANSEN」は世界中の話題になり海外では「弾丸列車・The Bullet Train」と呼ばれ特にヨーロッパやアメリカでは羨望の的の列車であった。特に高速鉄道の国でありながら開発に出遅れたフランスでは「シンカンセンに追いつけ追い越せ」とばかりにTGV（最も早い列車）の開発を始めた。

■海外でも高い評価

0系は日本を代表する鉄道車両として君臨し、外国でも高い評価を受けてきた。オーストラリアの大陸横断列車「インディアンパシフィック号」に乗ったとき、運転士が私を走行中の運転席に招き入れ、「Bullet Train（弾丸列車）の話を聞かせろ」と詰め寄った。話に熱中するあまり、自動ブレーキがかかり、世界一の直線区間ナラバー大平原の真ん

0系、春を走る!!

残雪輝く富士山麓を走る0系新幹線。この時代は至る所に菜の花畑があり美しい風景を盛り上げてくれた。三島—静岡(当時)　昭和61(1986)年4月撮影

0系、皐月の頃。

伊吹山麓は田植えの季節を迎えた。まだまだ0系が頑張っていた時代、田植え前の田んぼの水鏡が団子鼻を映した。岐阜羽島—米原　平成9（1997）年5月撮影

0系の座席

0系新幹線は在来線と比べて車体が大きいので、2等車(普通車)は横5席が取れた。

リクライニングもなく転換クロスシートだったが、それでも0系はゆったり快適な旅ができた。

座席の枕カバーは終着駅に到着すると、その都度交換していつも清潔に保たれていた。

いっぽうの1等車(グリーン車)は、横4席のゆったりサイズのリクライニングシートと、足乗せ台も完備して、マガジンラック、毛布のサービスもあり当時の飛行機を上回るサービスが提供されていた。

懐かしい0系新幹線の車内設備

上／グリーン車はお年寄り、子供連れ、ビジネス客に利用されていた。当時東京—京都を頻繁に往復する芸能人にも愛用された。
下右／公衆電話はビュッフェにあり、専用交換士を通じで通話が出来た。外からも「ひかり00号」と、乗客の名前を言えば車内放送で呼び出し通話ができた。
下左／トイレも清潔で、三面鏡も設けられていた。当時世界の豪華列車を見ても三面鏡のパウダールームは異色だった。
下／通路には冷水器が設けられていた。専用の紙コップが備えられいつでも無料で冷水が飲めた。これも世界の列車のなかでは異色のサービスだった。

幻の
新幹線食堂車

0系の食堂車は山陽新幹線博多開業時に長距離化により営業が開始された。完全に通路と分離した構造の室内でゆっくり食事が楽しめたが、山側（富士山ビュー）が壁のため、乗客から苦情が相次ぎ、急遽改造して壁に窓を取りつけた。改造後には富士山を見て食事が楽しめるようになった。写真は帝国ホテルの食堂車クルー。

一流ホテル、食堂会社がグルメを競った0系食堂車

上／０系の食堂車では日本食堂、ビュフェとうきょう、都ホテル、帝国ホテルの一流レストランが独自の料理で味を競った。当時の時刻表には営業会社が表記されていた。　中右左／ビュフェは半分客室スペースの立食タイプだが、ここでは速度計が設置され、車窓の景色と現在のスピードを見ながらの軽食も０系のよき思い出のひとつ。　下／壁のある初期の食堂車は外の景色（富士山）が見えず不評だったが改善された。

都心を走る新幹線

東京駅を発車する０系「ひかり」、当時の都庁の建物から許可を得て撮影

東京高速道路と並走しながら新大阪に向かう新幹線。

有楽町付近を走る「ひかり」号。後方の読売会館（有楽町そごう百貨店）は新幹線開業前の 1957 年に「有楽町で逢いましょう」のキャッチフレーズで開業。同時に発表された同名の流行歌は大ヒットした。以来このビルは有楽町のランドマークとして存在感をアピールしている。

浜名湖の湖上を走る０系。浜名湖は東京―新大阪間のほぼ中間地点にあたる。

中で急停車してしまったほどだ。彼は「一度でいいから、弾丸列車を運転するのが夢だ」と言った。ドイツでは高速列車ＩＣＥ開業のとき、開発したドイツ連邦鉄道（当時）の技術者が感極まって「東海道新幹線にはジェラシーさえ感じていた」と開業特別列車の中で話してくれた。

平成16（２００４）年、ドイツからチェコに鉄道で入国する際、イミグレーションのスタンプには「鉄道で入国した」という証の図柄に新幹線０系のイメージが描かれていた。フランスでは「トーカイドー」（東海道新幹線）が四分間隔で千人以上の乗客を乗せて東京駅を発車する光景が未だに信じられない」と鉄道マンが驚いていた。世界中に新幹線への「夢」があった時代だった。

０系はすでに完成された高速電車だったが、昭和39（１９６４）年から昭和61（１９８６）年まで38次にわたり、マイナーチェンジを重ねつつ、最終的には総計３２１６両が製造された。０系の在籍中東海道新幹線は乗客死亡事故ゼロを続け「世界一安全な鉄道」としての信用も得た。

チェコに列車で入国したというスタンプは０系

関ヶ原町にある伊吹山を臨む「十九女池（つづらいけ）」を快走する０系。昭和 50（1975）年８月撮影

落日の東田子の浦付近を走る０系のシルエット。製紙工場の煙突が見える。

星空の伊吹山山麓を走る夜汽車「ひかり」　岐阜羽島―米原

■0系新幹線の食事情

新幹線が出来るまでの在来線の「こだま」「さくら」「富士」などの特急列車には食堂車の営業がごく当たり前だったが、新幹線の超特急「ひかり」には食堂車が連結されなかった。それは東京―新大阪間の所要時間が4時間足らずという短時間だということで食堂車は必要なしと判断された。そのかわり新幹線の「ひかり」「こだま」には12両編成の5号車と9号車に2等客室とビュフェが半室ずつの合造車両が誕生した。2等客室の定員は40人、半車のビュフェにはバーのようなカウンターが窓側と2か所設けられ、飲み物や軽食が販売された。バーカウンターの半分のスペースは調理などの厨房室で、ビュフェ内には速度計も設けられていた。

「ひかり」に食堂車が連結されたのは昭和50（1975）年3月の山陽新幹線博多開業を控えた昭和49（1974）年9月からで乗車時間が6時間を越えるため営業開始されたものだ、16両編成の8号車が食堂車として営業を開始した。今では0系食堂車の営業はすでに「伝説化」され、その存在を知る人も少なくなってきている。

私は取材や出張では帰りの上り「ひかり」の食堂車を良く利用した。指定席が取れないときは、新大阪から食堂車に席

在来線 381 系「大阪しなの」と顔を合わせた「ひかり」 米原付近

遠く比叡山を望む旧京都駅と 0 系、洛北の山々は今では新駅舎に隠れて見えなくなってしまった。

をとり、コーヒー一杯では悪いので、ビールを呑んでゆっくり高価なステーキ定食を食べて食堂車で過ごしたのも今では懐かしい思い出でもある。

新雪の伊吹山麓ですれ違う０系同士

雪中の0系電車

スプリンクラーで雪と戦う０系「ひかり」米原駅

国鉄初の2階建て電車登場

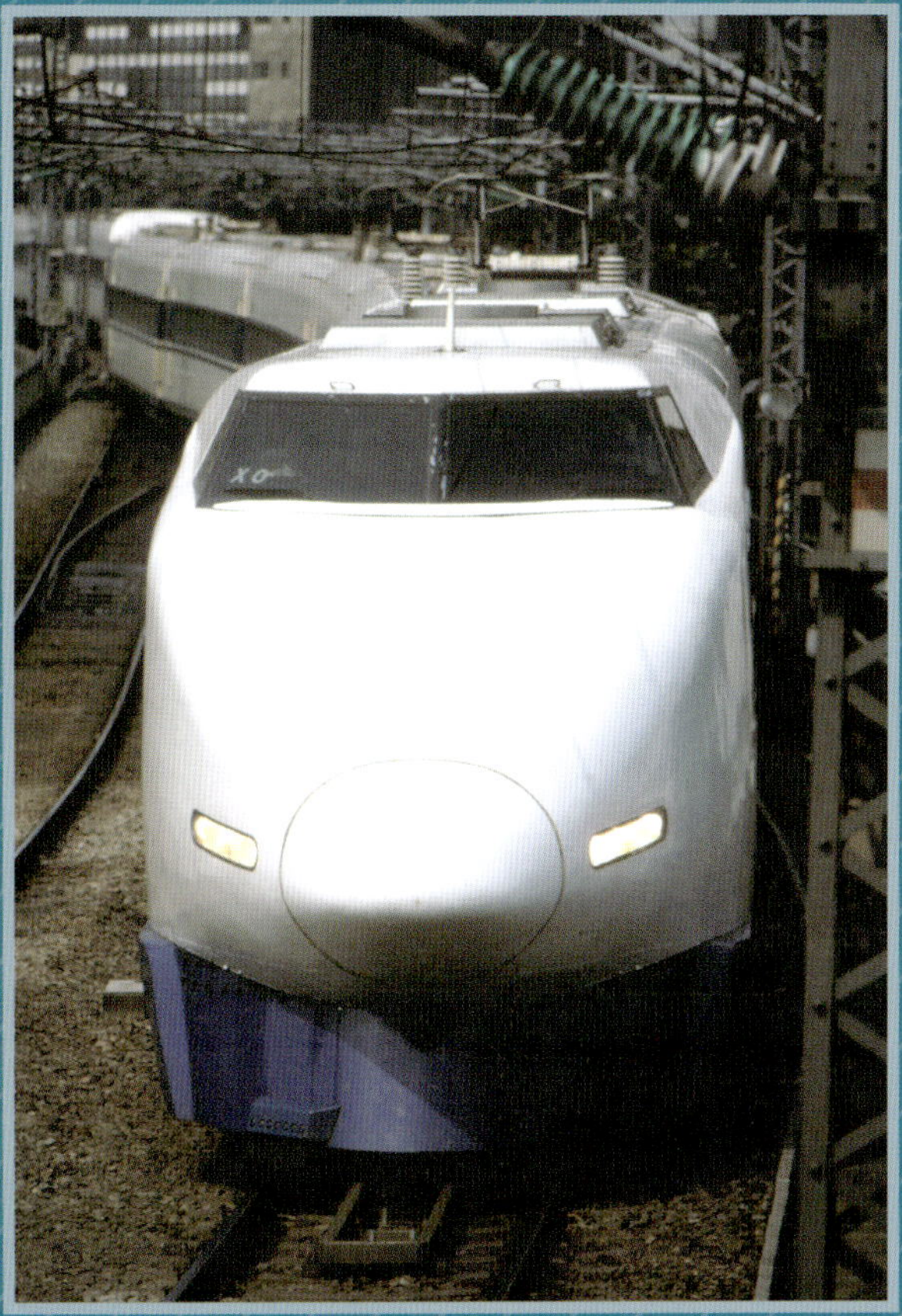

浜松工場から初の本線試運転。まばゆいほどの純白の100系新幹線電車だった。静岡―浜松間（当時）で撮影

東京駅を発車して試運転に向かうX0編成。

新幹線の豪華列車 100系登場

国鉄末期の昭和60（1985）年に0系以来のモデルチェンジ車として100系の先行試作車X0編成が完成した。X0編成は試運転を繰り返しながら、同年10月1日、東京―博多間の「ひかり」1往復を0系から置き換え営業運転を始めた。

100系には新幹線初の2階建て車両も登場して中間2両が組み込まれた。2階部分は展望レストランとグリーン車、1階部分は厨房とグリーン車階下は個室コンパートメントを設置した。また、普通車座席も回転し、リクライニング角度も大きくして、前の座席との間隔も広くなった。さらに100系登場翌年のダイヤ改正では東海道新幹線の最高速度を220km/hに引き上げ東京―新大阪間は2時間56分と初めて3時間を切った。これにより、東海道新幹線開業以来20年間変わらぬサービスを大きく改善した。100系は昭和62（1987）年4月のJR発足後も製造され、JR東海が912両、JR西日本が144両を保有した。

100系で特筆されたのは2階建て車両であった。特に食堂車は、2階部分が食堂として独立して、ワイドな曲線ガラ

東京駅に回送列車で到着したX0編成。ホームの乗客の目線が一斉に注がれた。

試運転中のX0編成には検査機器からのコードが車体から引かれていた。

スによる窓とあいまって220km／hで流れる車窓風景と共に食事が楽しめた。

■2階建て4両「グランドひかり」

この2階建て食堂車は好評を博し、JR西日本では独自の新形車両100N系「グランドひかり」を開発した。この編成には好評の2階建て車両を2両追加して4両とし、食堂車もさらに豪華になった。

しかし、東海道・山陽新幹線に最速列車300系「のぞみ」が登場すると、ダイヤ作成上、運行の「足かせ」となる100系は次第に片隅に追いやられていった。平成12（2000）年3月で利用が少ない食堂車の営業を休止した。これで新幹線から食堂車が消滅した。

筆者はグランドひかりの食堂車廃止に伴い鉄道ジャーナル誌で博多―東京間を食堂車に乗って料理、利用者をルポしたことも懐かしい思い出である。

食堂車廃止後、グランドひかりは平成14（2002）年5月18日を持って定期運用から外され、11月23日には営業運転を終了した。

大井車両基地で報道公開された時の２階建て電車。ダブルデッカーを表すデザインが白い車体に映える。

「グランドひかり」の２階建て４両は迫力がある。

右／展望レストランのごとき２階のレストランのメニューは飛行機の機内食のようなワンプレート式の食事
右下／なんといっても眺望が良いレストランは連日満員が続いた。人通りがないので落ち着いて利用できた。
左下／東北新幹線のE4系Maxと顔を合わせた100系ダブルデッカー　東京駅で撮影

２階建て高速電車の始まり 近鉄ビスタカー

すでに新幹線からは２階建て電車は姿を消したが、日本の高速電車での２階建て電車の始まりは昭和33（1958）年に登場した近鉄10000系電車の中間車にビスタドームカーといわれる２階建て車両が始まりで、愛称は「ビスタカー」と呼ばれた。ビスタカーEXは現在も近鉄特急として活躍している。新幹線では100系の中間車２両に２階建て車両を採用したのが始まりであるが、令和３（2021）年10月にE4系Maxの引退によって新幹線からはダブルデッカーは姿を消した。

1959年デビューの近鉄10100系電車は「ビスタ二世」と言われた。

晩秋、富士山が初冠雪に輝く、分割民営化を前に国鉄時代最後の走りを見せる100系。

食堂車に隣接して２階席のグリーン車がある。ゆったりシートと人通りの通路がないのでゆっくりくつろげた。

■芸能人御用達の2階建てグリーン車

東海道新幹線は0系のグリーン車の時代から、東京―京都・新大阪間を往来する芸能人が多かった。ところがグリーン車とて車両間を行き来できる通路があり「芸能人が乗っていないか?」などの有名人ウォッチャーが特に修学旅行生の間でいて、グリーン車の迷惑行為として、テレビの芸能ニュースの話題になったことがある。

ところが2階建ての100系になってからは通路がなく、グリーン車には立ち入れなくなり、有名人ウォッチャーの話題もいつしか無くなった。100系のグリーン車といえば、新大阪から乗った2階建てのグリーン車でのことだ。京都に着くと外人観光客に共にひとりの和服美人が乗り込んで来て、私の隣のA席に着いた。その和服姿の人は、かつて東映時代劇で私たちの胸ときめかせた女優さんで、私は一目見て女優さんだと分かった。通路側に座っていた私の前で一礼して窓際の席に着いた。ところが憧れの女優さんを横に見て、私は緊張のあまり東京までまんじりともしなかった。下車する時、さっと頭を下げた時に私は「C - Sさんですね、スクリーンで楽しませて頂きました」と声をかけた。

100系のグリーン車、個室は芸能人と政治家の要望によって誕生したという噂がまことしやかに言われていた。

階下のコンパートメント

階下には一人個室、二人個室、三人個室のほかに、カフェテリアが営業していた。

国鉄によって発売された100系デビューの記念切符。

初夏の茶畑を走る100系「ひかり」 掛川―静岡間

100系TLX?

ドイツ新幹線

1991 年に開業したドイツの新幹線列車 ICE—1 は、100 系のデザイン、車内サービス、列車電話などが参考にされた。

ドイツ新幹線・ＩＣＥ

０系以来のフルモデルチェンジ車となった１００系は、海外の高速列車にも大きな影響を与えた。

ドイツの新幹線といわれるＩＣＥは１９９１年６月２日にハンブルクとミュンヘン間に開業した。この列車の開発者のドイツ国鉄の技師Ｐ・Ｌさんは当時最新形の１００系の優れた技術をＩＣＥに生かすため、１か月間東京と新大阪間を１００系に乗り「ＩＣＥに生かせる技術をリサーチ」した。その結果１００系の２階建て部分をＩＣＥの食堂車のデザインを取り入れ天窓を取り入れ１００系のダブルデッカーのように仕上げた。外観のカラーも青線から赤い帯にした。車内電話も途切れることのない１００系の技術を参考にした。車内サービスのワゴンやコーヒーポットも１００系で使用している日本製品を使用している。

Ｐ・Ｌさんは日本の新幹線の素晴らしさにジェラシーを感じていたと私に話した。

１００系は２階建て車を連結し、広々した食堂車や個室などを備えることで、高速列車を豪華列車に変え、ＩＣＥのように海外にも大きな影響を与えた。ＪＲ東海のテレビＣＭ「シンデレラエクスプレス」にも使用され、２階建て食堂車と共に話題になった。２００４年に東海道新幹線から廃止された。

のぞみはかなう、300系

浜松工場で報道公開された試作電車は300Xと呼ばれ、次世代の「スーパーひかり」として開発された。

７００系に通ずる試作車X

■300X作戦

ＪＲ東海では最高速度２７０㎞／hを実現すべく３００系登場後の平成６（１９９４）年、さらなる技術進化に向けた試作電車９５５形「３００Ｘ」を製作した。この電車はアルミニウム合金製のボディーマウント構造を採用し、軽量省エネ化を図り、先頭車形状が東京方と博多方で異なるそれぞれラウンドウエッジ型、カスプ型と呼ばれる流線形を採用して空気抵抗による騒音、風圧によるトンネル突入時の衝撃音などや騒音がパンタグラフから発生させるところから大型のパンタグラフカバーを装着した各種実験を行った。この３００Ｘは平成８（１９９６）年7月26日未明に、ラウンドウェッジ型を先頭にした走行試験において米原駅―京都駅間の野洲付近で日本国内最速記録４４３・０㎞／hを記録している。

この電車は将来の「ひかり」の最速電車に使われるであろうことを想定して非公式ながらＪＲ東海でも「スーパーひかり」の名称で試験走行が勧められていた。この９５５形９５５‐６は「リニア・鉄道館」で保存されている。

平成２（1990）年から先行製作された300系J0編成は、パンタグラフの騒音検証や、高速試運転を繰り返した。　右上／先頭車の部分は、ほっぺが膨らんだような突起物が見られた。　下／米原付近を試験走行するJ0編成。　左／５基備えたパンタグラフには騒音防止のカバーが取り付けられ、独特の形状を見せていた。

■３００系「のぞみ」営業運転

３００系は平成４（１９９２）年３月８日早朝に公式試乗会を行い、その後、３月14日のダイヤ改正において東京―大阪間のビジネス時間帯に１日２往復の「のぞみ」として同区間を２時間30分、東海道新幹線初の最高速度２７０km／hで営業運転を開始した。だが、新大阪駅までの到達時間２時間30分を実現するため下り始発「のぞみ３０１号」は新横浜駅に停車後は名古屋、京都を通過したノンストップ運転を行なった。いわゆる「名古屋飛ばし」といわれ、マスコミや中京経済圏からは批判を受け政治問題にまで発展した。

平成５（１９９３）年３月には１時間毎に「のぞみ」１本「ひかり」７本「こだま」３本のいわゆる「１―７―３ダイヤ」が設定され山陽新幹線乗り入れによって博多まで直通運転されるようになった。東京―博多間の最速のぞみは５時間４分で結んだ。そして、懸案だった「名古屋飛ばし・のぞみ３０１号」は平成９（１９９７）年11月29日のダイヤ改正で、保線作業の改良によって名古屋・京都に停車しても東京―新大阪間の所要時間が２時間30分を確保できるようになったことから、続行の「のぞみ１号」に統合する形で「名古屋飛ばしと京都飛ばし」は廃止された。

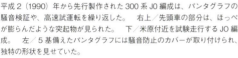

東海道新幹線初 270km/h の疾走

梅雨空の緑の田園地帯を快走する 300 系「のぞみ」は新しい超高速鉄道の姿を見せた。米原—岐阜羽島間で撮影

270km/h で走る 300 系が登場すると、古参の 0 系は次々と姿を消していった。確実に新幹線の進化を実感した。

300 系「のぞみ」の表示

■「のぞみ」の名付け親は鉄道ファンの作家だった

これまで東海道新幹線は「ひかり」「こだま」の列車愛称名で運行してきたが、画期的な速度向上と東海道新幹線初のフルモデルチェンジ車であるところから愛称名を新規に命名することになった。新列車の命名は、当初ＪＲ東海では「きぼう（希望）」に内定していたという。ところが列車名決定の委員を務めたエッセイストの阿川佐和子さんが決定当日の朝に父であり鉄道に造詣が深い作家阿川弘之さんから「これまで列車名は大和言葉で名づけられてきたいきさつがある。『希望』を大和言葉にすると『のぞみ』になる」とアドバイスを受けた。それを命名委員会で進言したことから「のぞみ」が採用されたといわれている。

　ＪＲ東海では平成15（２００３）年の品川駅開業とそれに伴う「のぞみ」大増発時に「のぞみは、かなう」のキャッチフレーズを用い、主力となった「のぞみ」を大々的にアピールした。

300系は0系、100系から数えて三代目の東海道新幹線のモデルになる。300系の報道公開は過去の電車を3編成並びでリスペクトして公開された。

関ヶ原古戦場の桜

天下分け目の関ヶ原古戦場の谷あいには東海道本線、新幹線、中山道、名神高速道路の大動脈が日本の輸送機関を担っている。その中で最も華やかなのは東海道新幹線ではなかろうか？

270Km/h(当時) で一瞬のうちに通過する。咲いた桜を愛でてる暇もないほどに。

平成4(1992)年3月9日未明、「のぞみ」公式試乗会で島秀雄さんが時速270kmの速度を体験した。右は招待した須田寛JR東海社長(当時)。

■新幹線をつくった男「のぞみ」に乗る!

「のぞみ」の公式試乗会は平成4(1992)年3月9日、早朝の東京駅、東海道新幹線の14番線ホームから出発した。この試乗会列車は始発列車よりも早い時刻の午前5時58分に設定されていた。それは300系「のぞみ」のスピードが「ひかり」の最高速度を50㎞/hも上回る最高速度270㎞/hに達し、始発列車に追いついてしまうため、トップに東京駅を出発させる必要があったからだ。

早朝のホームは招待客、報道陣でごった返していたが、筆者はその招待客の中に一人の白髪の老人の姿を見た。老人はJR東海社長(当時)須田寛氏の案内で12号車グリーン車に座った。この人こそが新幹線をつくった男、元国鉄技師長の島秀雄さんだということは、報道陣の誰もが気が付かなかった。島さんは東海道新幹線開業式には招待されず、それを長年心苦しく思っていた須田社長が、この日の試乗会にサプライズ招待したものだった。

同じ試乗会に乗ったノンフィクション作家の前間孝則氏は当日の様子を著書のなかで次のように認めている。

『……次第にスピードを増してゆく車内を、何人もの取材記

平成 4（1992）年 3 月 14 日「のぞみ 301 号」出発式。私はそのまま一番列車に乗り同乗取材を試みた。

者やカメラマンが車体の揺れに抗しながら、運転席が覗ける先頭車両へ、あるいは後部へとひっきりなしに移動していた。しばらくしたところ、鉄道カメラマンの一人南正時がこの老人を認めて足を止め、つぶやいた。あっ、島さんが乗っている……」』（前間孝則／著・「亜細亜新幹線　幻の東京発北京行き超特急」１９９８年刊・講談社文庫より転載）

「のぞみ」のグリーン車にＪＲ東海須田寛社長（当時）と共に席に着いていたがっちりとした白髪の老人は、明治39（１９０６）年生まれ90歳を越えた「新幹線の生みの親」の島秀雄さんであった。

この日の試運転には非公式に須田寛社長が招いたそうで、他のマスコミ関係者、鉄道番記者さえもこの老人が日本の鉄道界の重鎮であることは誰一人として気が付いていなかった。

私が記念写真をお願いすると両名とも快諾して下さり「歴史的」な写真となった。写し終えると島さんは「２７０キロですか……新幹線も速くなったものです……」と呟いた。

後日、ＪＲ東海の関係者に聞くと、須田社長は東海道新幹線の開業式に、新幹線予算オーバーの責任をとって辞表を出した十河信二国鉄総裁と島秀雄技師長が式典に招待されなかったことをずーっと心の中に思い続けていた……という。な

のぞみ出発式の翌日の朝、「のぞみ 301 号」を朝陽が輝く早朝の牧之原台地で撮影した。平成 4（1992）年 3 月 15 日

んという粋な試乗会招待だろう。

十河信二元総裁と島秀雄元技師長の両名は、東京駅18・19番ホームの品川寄り先頭に記念碑が建立され「リニア・鉄道館」には両名の顕彰コーナーが設けられ「新幹線をつくった男たち」の栄誉を称えている。

伊吹山麓は桜が咲き始めた。米原―岐阜羽島

阪急と並走区間では開業前の昭和 38（1963）年 4 月から新幹線レールの上を阪急電車が走ったこともある。阪急の高架工事のためだ。

ターミナル東京駅に到着する「のぞみ」

スピード感溢れる300系のサイドビューのフォルム。新富士―掛川間で撮影

さよなら300系

「のぞみ」としてデビューした新幹線の花形スターだった300系も平成24（2012）年3月には引退の時期が来た。その1か月少し前、私はJR東海のS部長に取材先で「300系は新幹線史上の記念すべき名車、引退の日になにかヘッドマークでもつけたいですね」と冗談まじりで言ったことがある。それからしばらくして大井運転所で「さよなら運転用」の装飾を施した300系が報道陣に披露された。ブルトレのようなヘッドマークとはいかないが美しいデザイン文字で「300ありがとうLAST RUN 2012・3・16」とボンネットとサイドビューに描かれていた。S部長は私と顔を合わせるなり、ニコッと微笑んだ。粋な計らいだった。

このヘッドマーク付き300系はそれから1か月の間、東海道新幹線を走り抜き、同年3月16日に多くのファンに見送られてJ55・57編成の2編成は東海道新幹線の花道から消えて行った。

前面流線形に描かれた「ありがとう300」の文字。「ありがとう300」のヘッドマークお披露目は大井車両基地で報道陣に公開された。当初は掲示の予定はなかったが、ある熱心な鉄道ファンの思いで急遽、ヘッドマークが取りつけられたという。前面のほかにサイドビューにも「ありがとう300」の文字が見える。300系への惜別のオマージュだった。

東京タワーと新幹線は「昭和の少年少女」の憧れだった。しかし「のぞみ」が走る時代になると沿線がビル化され、車窓から東京タワーを見ることはほとんど不可能になった。そのビルのわずかな間隙を縫うようにして「ありがとう 300」の電車が通過した。

“カモノハシ”新幹線700系登場

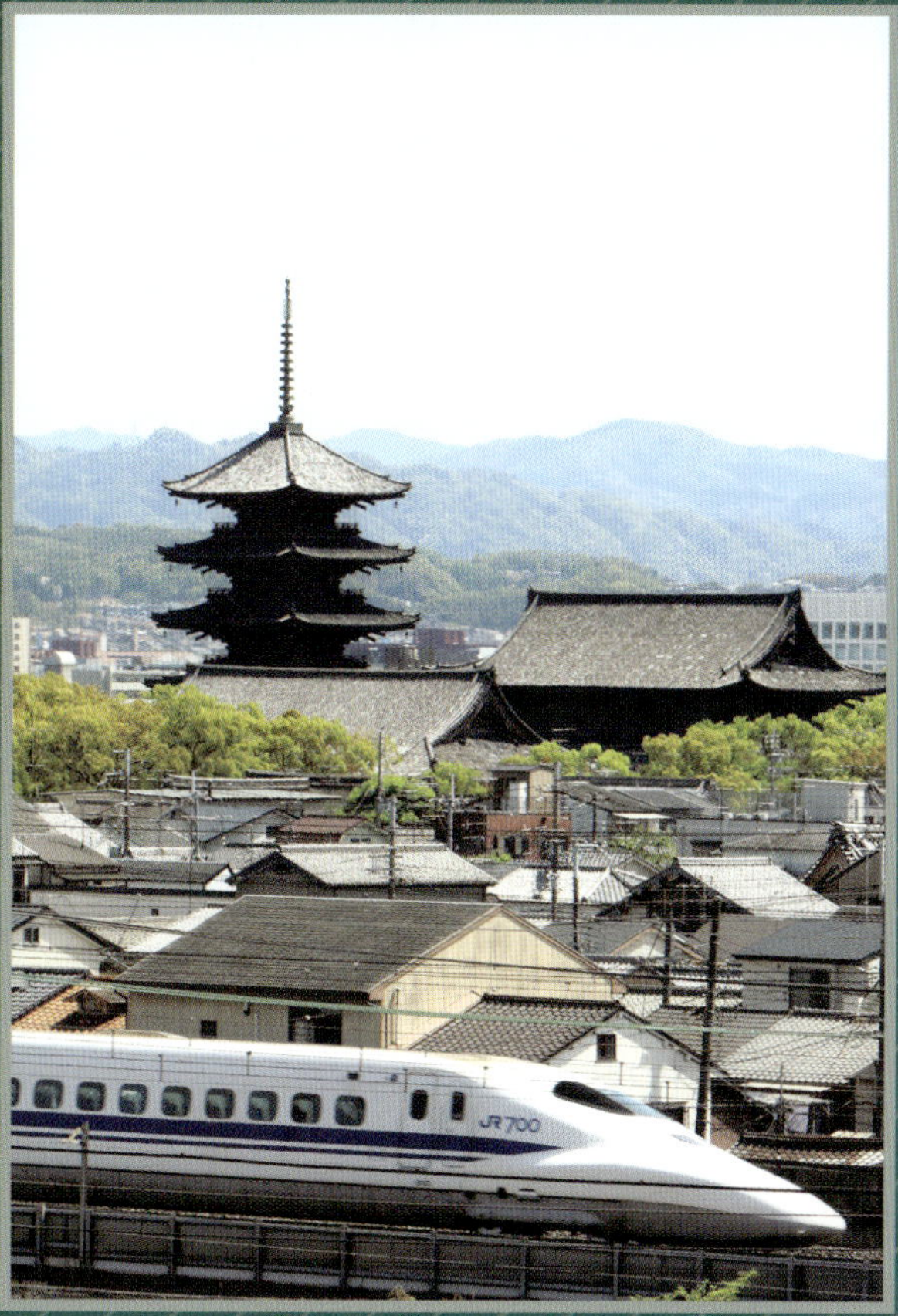

伊吹山新雪　東に富士山あれば西に伊吹山あり。新幹線の車窓からは季節折々の名山が望まれた。伊吹山はその独特の山容のため積雪時には荒々しい表情を見せてくれた。この 700 系の写真は私のお気に入りの写真の一枚である。岐阜羽島ー米原　平成 20（2008）年 2 月撮影

丸味を帯びた700系のボンネットは、300系に比べてノーズが長くなり、これまでの新幹線にはない、カモノハシのくちばしのような形になり「カモノハシ新幹線」と呼ばれ子供たちに親しまれた。

「カモノハシ新幹線」と親しまれた

■700系登場

300系「のぞみ」は新幹線のさらなる高速化を果たし好評のうちに運行されたが、新たに300Xの試験走行データーを生かし、次世代新幹線がさらなる改良と最新技術の導入によって製造された。平成9（1997）年に700系9000番代先行車1編成が登場して走行テストを重ねた。数多くの試験を重ねた末に平成11（1999）年に量産体制に入り、同年3月ダイヤ改正から「のぞみ」に運用された。

700系ではパンタグラフカバーが騒音軽減のため形状が変更され、車両は一段と軽量化して先頭車のノーズ部分を延長して、デザインもよりスマートなエアロストリーム型といわれる流線形になった。その形状が「カモノハシのくちばし」に似ているところから、新幹線ファンからは「カモノハシ新幹線」と親しまれるようになった。平成12（2000）年までにはJR東海が担当する「のぞみ」の700系化が完成し、「ひかり」は300系、「こだま」は100系という運用として役割分担が図られた。

JR東海の車両である700系C編成は平成16（2004）

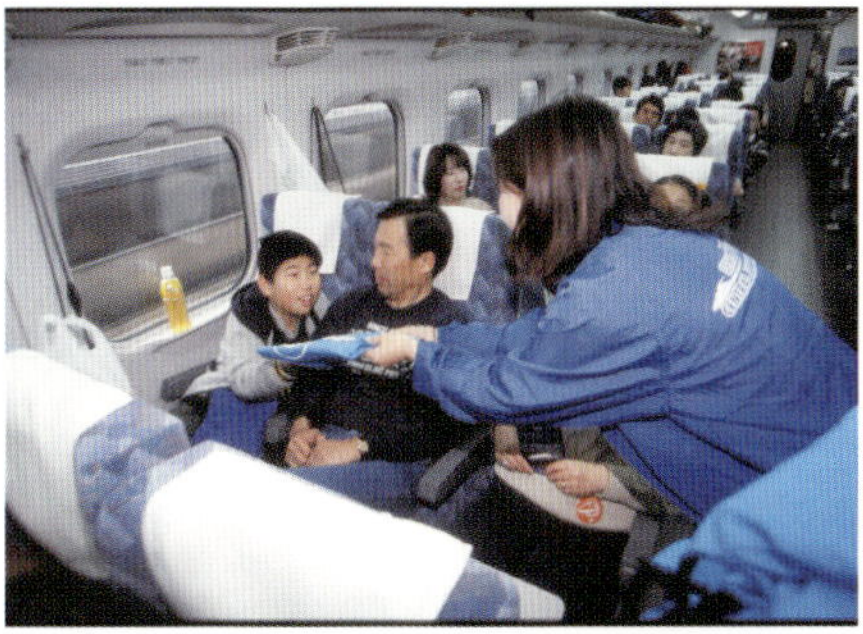

一般試乗会

700系は営業運転に入る前、一般試乗会も行なわれ親子連れが参加した。試乗会列車では700系グッズのプレゼントもあり「カモノハシ新幹線」は広く子供たちにも浸透して、新幹線ファンが増えるきっかけにもなった。平成11（1999）年2月

700系の運転台

疾走する700系のサイドビュー、特徴ある流線形である。岐阜羽島—米原

年度に増備を終了し、後続のN700系にその座を譲り、令和2（2020）年3月8日に東海道新幹線内から姿を消した。

“ 紅富士 ”

冬季東京発の始発電車が富士山麓を通過するころに、朝日が富士山を照らす。富士山に降り積もった新雪が日の出を浴びて紅色に染まる。これを「紅富士」と呼んでいる。　三島—新富士間　平成 20（2008）年 2 月撮影

日本の技術が生きた台湾新幹線

員林付近を走る台湾新幹線 700T　最高速度は 300km/h を誇る。

台湾新幹線に700系が採用された

平成19（2007）年に開業した台湾高速鉄道は台北（南港）—高雄（新左営）間の350㎞を最高速度300㎞/h、最速1時間45分で結び、新幹線の700系車両技術を基に台湾仕様とした700T型電車が運用されている。日本の新幹線技術が海外で導入されたのは初めてのことである。開業時の総事業費は4806億台湾ドル（約1兆8千億円）。

この事業には「新幹線生みの親」島秀雄さんの次男・島隆さんが技術指導された。台湾新幹線計画ではフランスのTGVとドイツのICEをベースとした車両の欧州陣営が受注争いで先行していたが、平成11（1999）年の台湾大地震で耐震性に優れた日本の新幹線電車の車両に発注が変更された。結果、日本の新幹線電車

700T の車内は 700 系の車内に準じている。左下は台湾新幹線に貢献した島隆さん。

が採用され、平成14（2002）年に台湾高速鐵路から技術顧問の依頼を受け、平成19（2007）年の開通まで3国間の調整を行った。祖父・島安次郎から親子3代にわたる高速鉄道開発技術者として今も台湾の鉄道技術者から尊敬を受けている。

台中駅に停車中の 700T 。先頭形状は 700 系と異なる。

700系のラストランは令和２（２０２０）年３月８日（日）臨時「のぞみ３１５号」だった。引退までの２月１２日～２月２８日の間にはC53編成のボンネット(カモノハシ)部分に引退記念の「ありがとう700　2020.3.8」の文字が装飾され引退を惜しんだ。
写真・小田原城をバックに「さよなら700」を付けて走る700系、小田原ー熱海間で2020年２月21日撮影

新幹線の進化形、
N700Aあらわる

N700系量産先行車　Z0編成
試運転を行なうZ0編成。写真は、試験的に連結器カバーの下に補助的な前照灯を装備して試験走行中の珍しい姿。この前照灯は一時的なもので、すぐに原形に復元された。
静岡―新富士間　平成19（2007）年10月撮影

石部

農家の人が刈り取った藁を積み上げて「富士山」を作ってくれた。素晴らしいフォトスポットで感激してシャッターを切った。新富士―三島間　平成25（2013）年12月撮影

最新型新幹線電車の始まりとなったN700シリーズ登場

■N700系

東海道・山陽新幹線における、「最速、最良・省エネルギー」をコンセプトに開発された、700系シリーズの頂点を極めた電車だ。東海道新幹線内の曲線区間でも速度を落とさず走れる「車体傾斜装置」によってさらなるスピードアップを果たした。2005年3月には量産先行車（Z0編成）1編成が完成して試運転を開始した。N700系は東海道新幹線内の半径2500mの曲線でも270㎞／hで通過できる。山陽新幹線内では500系と同様の最高速度300㎞／h運転も可能になった。デザイン的には700系の「カモノハシ」状から騒音防止に最適といわれる「エアロ・ダブルウィング」を採用している。

■N700A

N700系をさらに進化させ、走行性能面で大幅に改良したのがN700Aといわれる車両だ。「A」はアドバンス「Advanced（進化した）」の頭文字である。ブレーキ力

夕日を浴びて車体を紅に輝かせて浜松駅を通過する N700 系。平成 20（2008）年 2 月撮影

登場したばかりの純白の衣をまとった N700 系
静岡—新富士間で平成 20（2008）年 1 月撮影

の強化や、さらに進化した車体傾斜装置、車内の騒音軽減など、安全性の向上や乗り心地の良さに重点を置いた車両である。外観はN700系と変わらないが車体側面に「A」を大きくあしらっているので、識別は簡単だ。

東京駅に到着する N700A の新車、この電車は 285km/h 初走行に使われた。

富士山を仰ぎ見て N700A 同士の出逢いの一瞬。

富士山と新幹線のビュースポットといえば新富士付近の東田子の浦からの撮影が知られているが、ここ平塚の「湘南からの富士山スポット」も捨てがたい。ここでは雪をたっぷり頂いた雄大な富士山が望まれる。その一瞬、N700A が顔を合わせた。こういうシーンも新幹線撮影の醍醐味だ。新横浜ー小田原間　令和２（2020）年２月撮影

N700

臨時列車には最高速度 285km/h の「285 列車」番号で運転され、速度向上の意欲が伝わった。

■N７００Aで東海道新幹線初２８５㎞／h達成

東海道新幹線はそれまで最高速度は0系と１００系が２２０㎞、３００系と７００系が２７０㎞／hで走行してきた。東海道新幹線の許容速度は２５０㎞／hと言われてきたが車両の性能の向上、路盤の整備などで速度を上げ、ついにN７００Aが最高速度２８５㎞／hで走行する時がきた。

東海道新幹線の一部の電車が平成27（２０１５）年の春のダイヤ改正から最高速度２８５㎞／hにスピードアップすることになり、その「先行体験列車」の報道試乗会に参加した。

平成27（２０１５）年2月25日、東京―新大阪間に特別列車「９２８５A」列車が運転された。この日の2日前に搬入されたというピカピカのN７００A（Ａｄｖａｎｃｅｄ）は12時23分に東京駅を発車して新横浜駅を通過するとググン速度を上げてゆく。やがて巣山芳樹新幹線鉄道本部長が車内アナウンスで「この先の半径の曲線も２８５㎞／hで通過する」と伝えると、報道陣がスピーカーの放送にマイクを向けた。曲線に入ると車体傾斜装置が働きスムーズに通過した。乗り心地もなかなか良い。巣山本部長は運転席から現在の速度をスピーカーを通じてアナウンスしている。実はこの列車には報道陣のほか、一般招待客も乗車しているので放送の都度拍手

この日は女性運転士が東京―新大阪間を担当。報道陣のインタビューを受けた。

初 285km/h 運転を担当したのは女性運転士で、報道陣の質問に答えていた。

が起こっていた。掛川を過ぎた２８５km／h区間では特別に運転台まで見学できて、撮影許可も頂きベテラン「女性運転士」も取材することができた。

14時53分に新大阪に到着すると最前部で巣山本部長を囲んで報道の記者会見が行なわれていた。巣山さんのすぐ脇の列車番号「９２８５」の「９」は臨時列車を表し「２８５」は最高速度２８５km／hを示している。なんともはや粋な列車番号を付けたものだ。

2015.2.15 の日記から

東海道新幹線の一部の電車がこの春のダイヤ改正から最高時速 285km に速度を上げる。その「先行体験列車」に特別にお招きいただいた。12 時 23 分にこの 22 日に搬入されたピカピカの N700A が発車すると車内放送も特別放送で、スピードアップの様子がアナウンスされた。もう一台のカメラを動画に切り替えて貴重な放送を記録したり、掛川を過ぎた 285km/h 区間では特別に運転台まで見学できて、撮影許可も頂きベテラン「女性運転士」も取材することができた。14 時 53 分、付きっきりでお世話いただいた JR 東海の社員の方、今回の運転での最高責任者の新幹線鉄道本部長の巣山芳樹さんにお礼を述べて新大阪駅を後にしました。

N700系以来の
フルモデルチェンジ車

「富士山は見ていた、熱き出逢い」

走り始めたばかりのN700Sを撮りに行くと、カメラのいたずらによりハプニングが撮れた。主人公は新大阪行き「のぞみ」N700Sである。お相手はN700A。こんなおめでたいシーンは滅多に撮れるものではない。新横浜ー小田原間
令和3（2021）年11月26日撮影

これまでドクターイエローで行なっていた「軌道状態監視システム」をN700S確認試験車に搭載して走行試験を実施する。さらに電気関係の設備の状態を計測する「トロリ線状態監視システム」と「ATC信号・軌道回路状態監視システム」という2つのシステムについてもN700S営業車での計測を行う。これらの計測機器の進歩がドクターイエロー引退の大きな要因だ。

フルモデルチェンジのN700Sは新幹線電車の集大成

■待望の最高峰車両の登場

N700Sは、現在の主力車両、N700Aの次の世代の車両として開発されたもので「S」はN700系シリーズの中で最高のSupreme（スプリーム：最高の）を表している。N700系シリーズの系列を冠しているが、環境性能の向上、安全・安定輸送性能の向上、快適性・利便性の向上の5つをコンセプトに掲げJR東海ではこれまでのN700系から大幅に進化させた「フルモデルチェンジ」車両として位置づけている。

待望のN700Sは平成30（2018）年3月10日、JR東海の浜松工場で確認試験車が報道公開された。形はN700・N700Aと似ているが、先頭形状、客室設備、床下機器を新設計しており、東海道新幹線の新たな時代の幕開けとなる電車といえる。

浜松工場ではこれまでのN700Aと並べてN700Sを公開して、デザインの違いなどをアピールした。N700系の「エアロ・ダブルウィング」を進化させた「デュアル・スプ

リーム・ウィング」の先頭部分はＮ７００系よりもライト周りが盛り上がったデザインとなっているが、フルスピードで走るとき、先頭車の見極めは難しい。そこでデザインより先頭車の青帯に注目してみよう。白地に青帯というカラーリングは、Ｎ７００系や東海道新幹線の歴代車両と同じだが「Ｓ」の、先頭部の帯は従来車両よりも延長され「Ｓ」をイメージしたデザインとなっている。外観上、いちばん特徴的な違いは車体サイドのシンボル文字だ。Ｎ７００では数字が描かれていたが「Ｓ」では大きなデザイン文字で「Ｓｕｐｒｅｍｅ」が新形車輌をアピールしている。筆者も撮影の際は車体のＳｕｐｒｅｍｅの文字で確認している。

また、Ｎ７００Ｓの特徴のひとつとして挙げられるのが「異常時の利便性向上」である。これまでのＮ７００系までの車両では停電時は一部のトイレ、男性用の小用を除いてトイレが使えなかったが、Ｎ７００Ｓでは新搭載の小型・大容量のバッテリーにより、停電した場合でも3号車・11号車のトイレが使えるという。

Ｎ７００Ｓは営業走行をしながら、現在はドクターイエローで検測する、架線や信号システム、軌道などを毎日の営業運行時に監視計測できる機能を搭載した車両が登場する予定で、

自動運転も可能な N700S の運転台。
JR 東海が目指すのは新幹線の自動運転は国土交通省の分類で「半自動運転」と呼ばれ、運転士が発車操作を行うと、その後の速度調整や駅での停車はすべてシステムが担当する方式である。

今までのドクターイエロー以上に異常個所の早期発見が可能になる。令和6（2024）年6月、人気のドクターイエローのうち、JR東海のT4が令和7（2025）年1月末で検測走行を終了、JR西日本の編成も令和9（2027）年を目途に検測を終了するという発表があった。ドクターイエローファンにとっては最新鋭のN700Sがドクターイエローに引導を渡したことになり心境は複雑なものであろう。

報道陣に公開された時は N700A との形の違いを並べて公開した。浜松工場

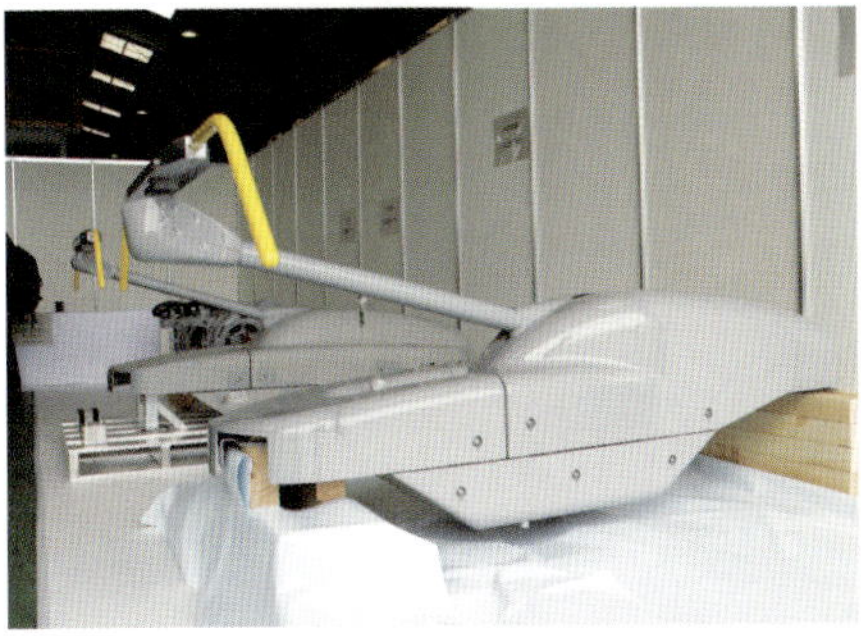

JR 東海は平成 30（2018）年 3 月 10 日に「N700S」の確認試験車を報道公開した。N700S の主電動機は小形化された 6 極を採用して軽量化が図られたほか、最新のパンタグラフなども公開された。主変換装置も走行風で冷却する「ブロアレス」となり小型軽量化された。

小田原城をバックに走るN700S。この場所は0系時代から通っていた懐かしい撮影場所だ。0系からN700Sまで、60年間新幹線を撮り続けて来た。小田原ー熱海間　平成30（2018）年6月25日撮影

N700Sを撮る！太陽光の強弱に注意

次世代新幹線電車N700Sはフルモデルチェンジ車という公式発表がされたが、最初のうちはこれまでのN700Aとどこが異なるのか……という話題に終始していた。とにかく撮ってみようと鉄道写真家の何人かは撮影場所に繰り出した。運用はあらかじめ公表されていたので撮影時間の把握には苦労しなかったが、問題は明らかに異なる先頭車のデザインの違いである。曇りや晴天の時では微妙に形も異なって見えるようだから当分は試行錯誤しなければならなかった。

その結果、晴天時にはN700Sのボディの影が現れ特徴が強調される結果になり（92ページ上）、曇天などのフラットな状態では、ボディにコントラストがなく、ボディ全体がメリハリのない結果に終わった（93ページ上）。N700Sをとっさに判断するのはボディから先頭車に至る「ヒゲ」の長さが基準になる。私はそう見分けている。

イタリアンと試運転列車

有楽町のこの撮影地はイタリアレストランのテラスからの撮影だ。パスタのランチと白ワインを呑みながらの優雅なN700Sの撮影であったが、残念ながらこのレストランはすでに閉店した。平成 30（2018）年 6 月撮影

N700S の特徴のひとつは乗務員室扉から先頭の延びる「青ヒゲ」が長く流線形まで延びている。

お馴染み富士山バックのN700S、横位置は青ヒゲの長さと、レタリング文字をしっかり写す。

半逆光が形の陰影が現れてN700Sのボディの特徴がよくわかる。

検査車両―新幹線の名医たち

早春の湘南、河津桜が咲き誇る。ドクターもひょっとしたら“女医”さん？ 小田原ー熱海　平成 31（2019）年２月撮影

東京駅を発車して博多に向かう全般検査上がりのピカピカのドクターイエロー。平成22（2010）年9月撮影

「新幹線のお医者さん」と人気絶頂のドクターイエロー

■新幹線電気軌道総合試験車

愛称を「ドクターイエロー」と呼ばれ、今や鉄道ファンだけでなく広く知られた新幹線電車。「黄色い新幹線」と言えば、誰もが思い浮かべるだろう。いろいろな新幹線のメカニズムを検査するところから「新幹線のお医者さん」、つまり「ドクターイエロー」と呼ばれるゆえんである。このドクターイエローは東海道・山陽新幹線を走るためJR東海とJR西日本が1編成ずつ保有して、共通運用にあたっている。JR東海所属の923形0番台T4編成は平成12（2000）年10月に登場し、平成17（2005）年にはJR西日本所属の3000番台T5編成が登場。このドクターイエローは新幹線700系をベースに開発され、最高速度270km／hで走行しながら、電気設備やレールなどの軌道設備の状態を計測している。

運行されるのはおよそ10日に1回。「のぞみ」検測と「こだま」検測の2列車が運転されるが、運行時間がマル秘扱いなので、走る姿を目撃するのが難しく、いまや「見ると幸せになれる幸せの黄色い新幹線」とまで都市伝説化され、運よく駅に停

0系のデザイン

国鉄時代に登場した2代目試験車の922形は0系新幹線電車をベースにした「電気軌道総合試験車」といわれ、黄色いボディにブルーの帯をまとった電車で、元祖「ドクターイエロー」だった。最高速度210km/h。T3編成の先頭車が名古屋の「リニア・鉄道館」に保存されている。

車していると、ホームにいる誰もがスマホや携帯で写真をパチパチと撮り始める人気ぶりだ。

■元祖ドクターイエロー　200系のデザイン

昭和57（1982）年の東北・上越新幹線の開業当初に活躍したのが200系電車をベースにした925形S1、S2編成であった。この電車は黄色いボディに東北新幹線の200系のシンボルカラーであるグリーンの帯をまとっていた。平成13（2001）年にE926形S51編成「East i」の登場で廃車された。

■0系のデザイン

国鉄時代の昭和49（1974）年に登場した2代目試験車の922形T3編成は0系新幹線電車をベースにした「電気軌道総合試験車」といわれ、黄色いボディにブルーの帯をまとった電車で、元祖「ドクターイエロー」だった。

最高速度210km/h。開業時の試作車1000形を改造したT1編成を置き換え、その後T3編成も増備された。T3編成の先頭車が名古屋の「リニア・鉄道館」に保存されている。

浜松工場のイベントでドクターイエローが 30 トンクレーンで“宙を飛んだ” 平成 27（2015）年 7 月

クリスマスイルミネーションの有楽町を大井基地に向かう回送列車　平成 28（2016）年 12 月

浜離宮を見て走るドクターイエロー、この風景もビルの展望台廃止で見られなくなった。平成 27（2015）年 2 月

富士山のビュースポットは車窓からでも富士川からでも素晴らしい眺めだ。2017 年 12 月

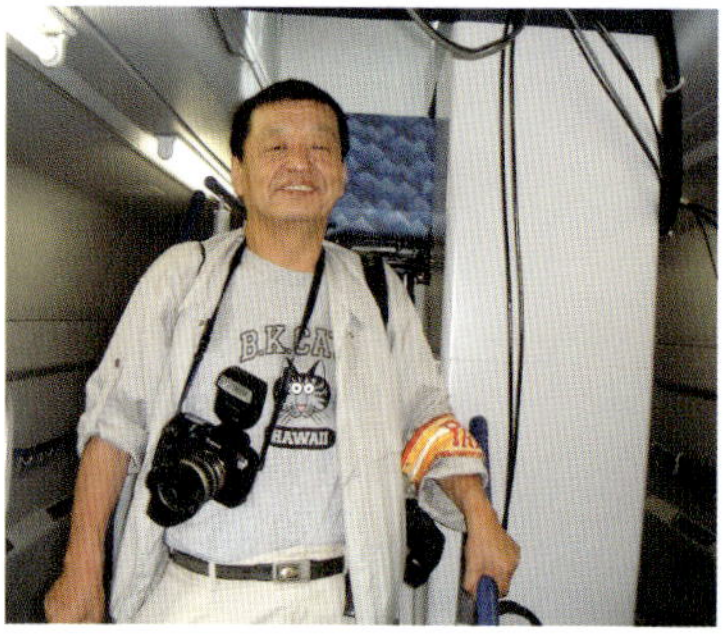

ドクターイエローに乗る

ドクターイエロー T4 編成がデビューした 2001 年に走行中の試運転電車に同乗する報道公開が開催され取材することができた。まずは客席がある車両でモニターを見ながら担当者からレクチャーを受ける。

■ドクターイエローに乗る

私はドクターイエローT4編成がデビューした平成13（2001）年に走行中の試運転電車に同乗取材することができた。東京駅に姿を現した700系タイプのボディラインとまばゆいばかりの黄色いボディは衝撃的だった。この日は新横浜を出ると名古屋までほぼ270㎞/hでノンストップ運転。係員からのレクチャーでコンピューターなどの機器を見学。現在はより良いデジタル機器が搭載されているが、それでも機器類や液晶モニターは当時としては新鮮なものだった。「金魚鉢」と言われる屋根に突き出たガラス張りの観測ドームからのパンタグラフと架線の状態を見た。架線が正しい位置にあるか、摩耗していないかを走行しながら測定しており、それがテレビカメラなどでデータとしてリアルタイムに、車内の測定台へ表示されるようになっている。

また小さな不具合があった時には要注意データとして取り扱い、指令所へほぼリアルタイムに転送される。早ければ当日、終電後の深夜にメンテナンスされるという。定員1323名16両編成の電車が3～5分間隔で走るという、世界に例を見ない運行を行う新幹線の安全にはドクターイエローは必要不可欠の存在なのである。

検査は「のぞみ」と「こだま」計測が行われ速度や所要時間も列車に合わせて運転され、それぞれのデーターを収集する。収集された情報は車内のコンピューターで分析されデータはすぐ保線担当などに報告される。機器に表示された数字は走行位置や、速度、電気の流れなどが表されている。(同乗した時とは計測機器、モニター、コンピューターも新しくなっているはずだ)

東京を出て検測しながら博多に向かう。

計測走行で線路などに異常があった場合、早急に処理しなければならない案件はすぐ指令所に報告し、早急にメンテナンスをする。

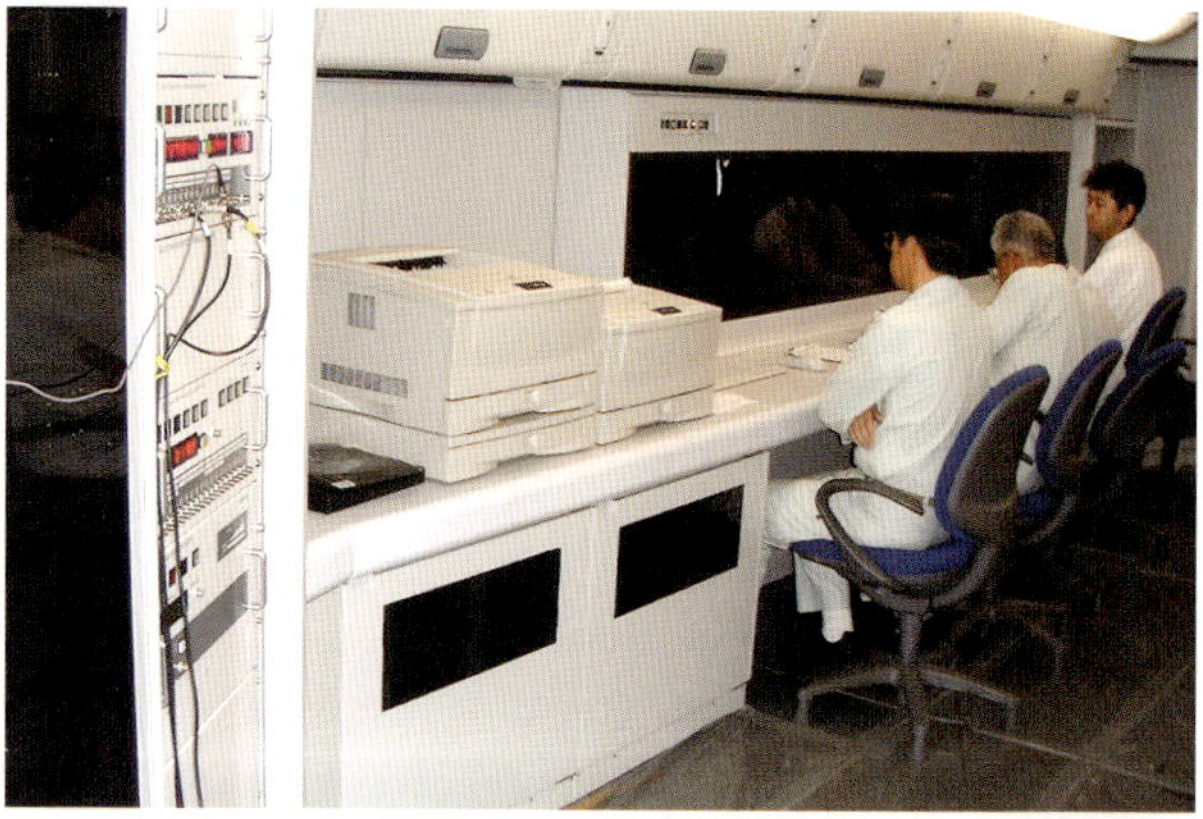

信号、通信などをモニター監視する。

東京を午前中に発車したドクターイエローは博多まで運転され、翌日東京まで戻る行程だ。

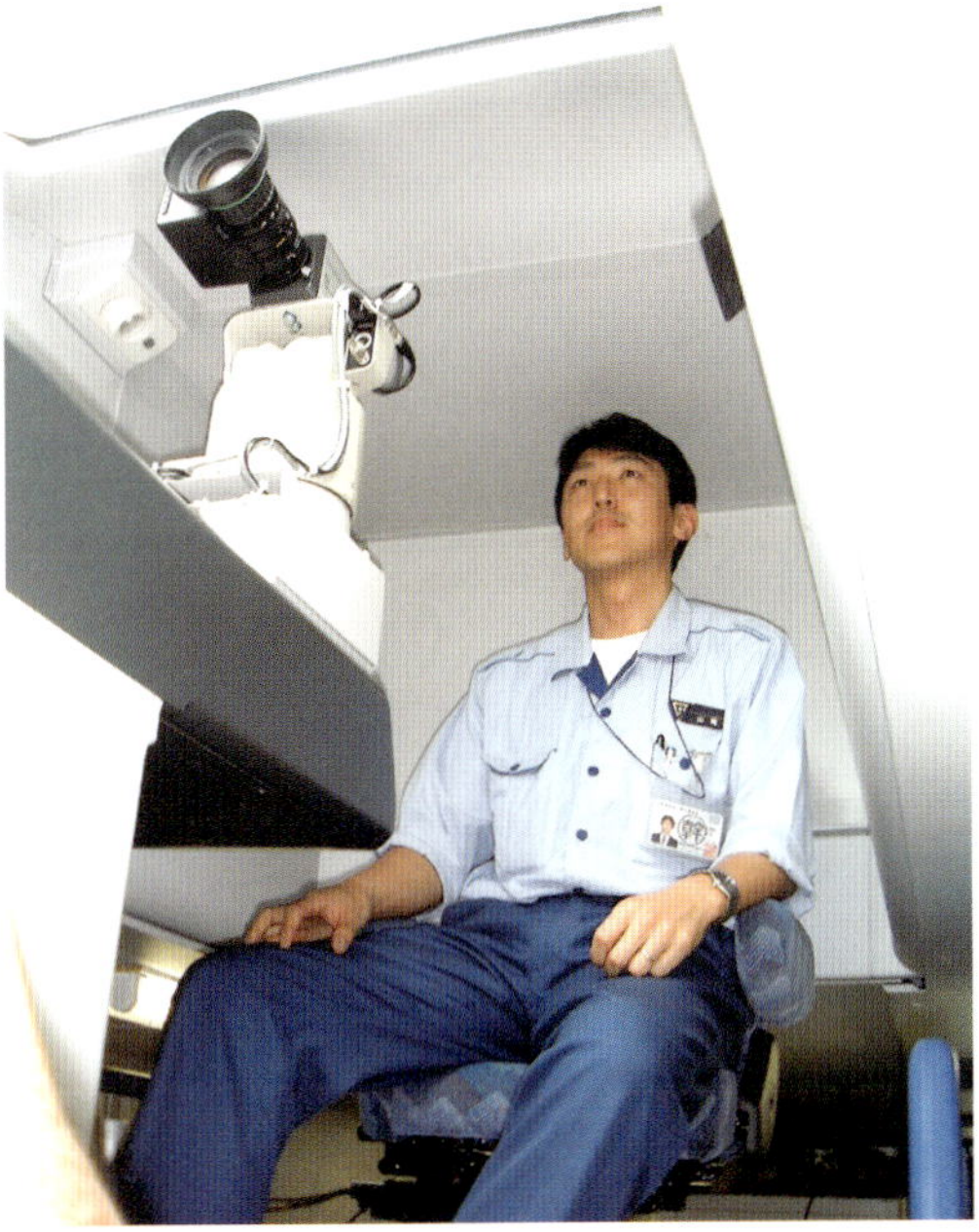

架線を目視するガラス張りのドームは「金魚鉢」といわれ架線の状態を調べる。テレビカメラでコンピューターに送られるが、目視で観察することもある。

山陽新幹線「ひかりは西へ」

キャノピータイプの流線形はスピード感たっぷり。

富士山を眼下に見て富士川を渡る500系「のぞみ」は過去帳に。新富士—静岡

500系900番台試験電車・WIN350

JR西日本が独自に開発した山陽新幹線の最高速度350km/h走行データーを収集するための試験電車で、平成4（1992）年に完成、WIN350(West Japan Railway's Innovation for the operation at 350km/h)の略称だ。形式名は500系900番台と命名されている。

山陽新幹線岡山開業により在来線特急大増発

「ひかりは西へ」のキャッチフレーズと共に、山陽新幹線は昭和47（1972）年3月15日に新大阪—岡山間が開業した。この岡山開業は、新幹線主要駅からの在来線接続特急を多数生むこととなった。そのダイヤ改正は俗に「ヨン・ナナ・サン」と呼ばれるもので、特に岡山から九州、四国方面へは特急列車が新規に数多く設定された。主な接続特急は姫路から特急「はまかぜ」の増発、岡山からは伯備線経由の特急「やくも」、四国方面へは宇野線、宇高連絡船経由で高松から四国初の特急「しおかぜ」「南風」が新設された。岡山から西への山陽本線では特急「つばめ」が岡山駅—博多駅・熊本駅間に運行区間を短縮して運転されたほか、名門特急「はと」が岡山駅—下関駅間に運行区間を変更し4往復体制となった。寝台電車で名を馳せた「月光」は岡山—西鹿児島間1往復になった。

新大阪—博多全線開業

昭和50（1975）年3月10日には岡山—博多間が開業して、山陽新幹線は全線が開通した。しかし、山陽新幹線内はトンネルが多いことが乗客の不満とひとつだった。東海道新

WIN350は異例にもJR東海大井車両基地でも報道陣に公開された。当時JR東海を代表する100系と300系と並べて公開した。

幹線よりトンネルが多く、沿線には１４２本のトンネルが存在し、トンネル区間が占める割合は実に56・4％にのぼり、トンネルがない区間は西明石―姫路間のみである。

■５００系「のぞみ」登場

ＪＲ西日本が独自に開発した山陽新幹線の最高速度３５０㎞／ｈ走行データーを収集するための試験電車で、平成４（１９９２）年に完成、ＷＩＮ３５０（Ｗｅｓｔ Ｊａｐａｎ Ｒａｉｌｗａｙ's Ｉｎｎｏｖａｔｉｏｎ ｆｏｒ ｔｈｅ ｏｐｅｒａｔｉｏｎ ａｔ ３５０㎞／ｈ）の略称だ。形式名は５００系９００番台。6両編成の先頭車は両側で形状が異なり、特に片側はジェット機のコクピットのようなキャノピー状に盛り上がったような形状で、いかにも速いというイメージだった。小郡（現・新山口）―新下関間の山陽新幹線で高速試験を開始、平成４（１９９２）年8月8日には、当時国内最高速の３５０・４㎞／ｈを達成し、３００㎞／ｈ以上の営業運転への道を拓いた。

■世界最速（当時）３００㎞／ｈ

試作車の高速走行を経て誕生した５００系は、平成９

グランドひかり

二階建て車両が４両の「グランドひかり」は100系3000番台といわれ平成元（1989）年にJR西日本の博多総合車両所でV編成が報道公開された。

短編成になった100系

（１９９７）年3月22日のダイヤ改正で営業運転を開始した。同年11月29日からは東海道新幹線でも運転を開始した。

５００系は、これまでの新幹線のイメージを覆すキャノピー形といわれるジェット戦闘機のような流線形で当時世界最速だったフランスのＴＧＶ−Ａと並ぶ３００㎞／ｈ運転を実現した。ただし３００㎞／ｈ運転はカーブの少ない山陽新幹線内

「グランドひかり」の食堂車のインテリアは「トワイライトエクスプレス」の食堂車のコンセプトと共通していて、料理もさらに豪華になった。

のみで、東海道新幹線内はカーブが多い区間があるところから、他の列車同様に最高速度が270km/hに抑えられていた。

その500系も幾多の問題を抱えていた。高速性能を追求したために居住性の問題、特に流線形の「鼻」が長く客室スペースが減ったことで、他系列と号車ごとの定員数の違いなどの点が運行開始後に問題となり、平成22（2010）年2月末に「のぞみ」の運用を終了し、東海道新幹線から去ることになった。

JR西日本では東海道新幹線を退いた0系、100系、500系までもが短編成に改造され「こだま」運用で、過去の栄光を失ったまま運用に就いていたのは、新幹線ファンとしては残念な気持でいっぱいだった。

■100系「グランドひかり」レストラン最後の同乗記

「二階建て新幹線」として人気があった100系に、平成元（1989）年には「グランドひかり」として、2階建車両を4両組み込んだ3000番台が増備された。編成番号の頭文字Vから「Vひかり」と呼ばれた。このグランドひかりの最

大の特徴は二階部分の食堂車にあった。従来の100系の食堂車をさらにグレードアップ。料理メニューもしっかりと皿に盛られた豪華料理が提供された。しかし、全国的に列車食堂車が衰退する一方で、この優雅な食堂車も利用率が悪くなり平成12（2000）年3月で食堂車の営業を休止した。私は廃止が決まった時に、鉄道ジャーナル誌の「さよなら食堂車」のルポで博多―東京間を「グランドひかり」の食堂車で過ごした。その後、100N「グランドひかり」は惜しまれつつ平成14（2002）年11月23日のさよなら運転を持って全編成が引退した。

ひかりレールスター

平成12（2000）年に登場した山陽新幹線「ひかりレールスター」は700系の車内を改良して居住性を良くして登場した。特に普通車の横4席シートはグリーン車並みの快適さだった。

ウエストひかり

余剰の0系を短編成にして車内を改造、山陽新幹線限定の「ウエストひかり」は、同新幹線内を利用する人たちには好評だった。

■700系「ひかりレールスター」

平成12（2000）年に登場した700系7000番台「ひかりレールスター」は、当時、大阪と福岡間の航空機に対向すべく登場した、ハイグレードな「ひかり」で、それまでの「ウエストひかり」の後任として最高速度285㎞／hへのスピードアップを図ることで航空機との競争に立ち向かった。全車が普通車だが、車内には1編成に4室だけの4人用普通個室を設置し、普通車指定席も横4席のゆったり座席を備えていた。

しかし、九州新幹線の山陽新幹線乗り入れなどで急激に運転本数を減らし、その役割を終える日も近いようだ。

500系の末路

東海道新幹線「のぞみ」を追われた500系は８両編成化され山陽新幹線「こだま」として運行している。令和８（2026）年度以降は２編成で営業運転するといわれ、令和９（2027）年には全廃の予定といわれている。写真は山陽新幹線「こだま」運用の500系　相生駅 平成22（2010）年８月撮影

■０系「ウエストひかり」

大阪—福岡間の飛行機に対抗するために昭和63（1988）年3月のダイヤ改正時に余剰の0系を6両編成にして「ウエストひかり」が新設され、新大阪—博多間を航空機に対抗できるよう最速2時間59分で結んだ。

主にビジネスユーザー向けに、座席は横4席のゆったりサイズで、12両編成になってからはグリーン車と「ビジネスルーム」が追加されテーブルにはパソコン用の電源コンセントも設けられた。外観の目印としては窓下に青帯が追加された。

平成12（2000）年3月には700系「ひかりレールスター」が登場すると「ウエストひかり」は引退した。

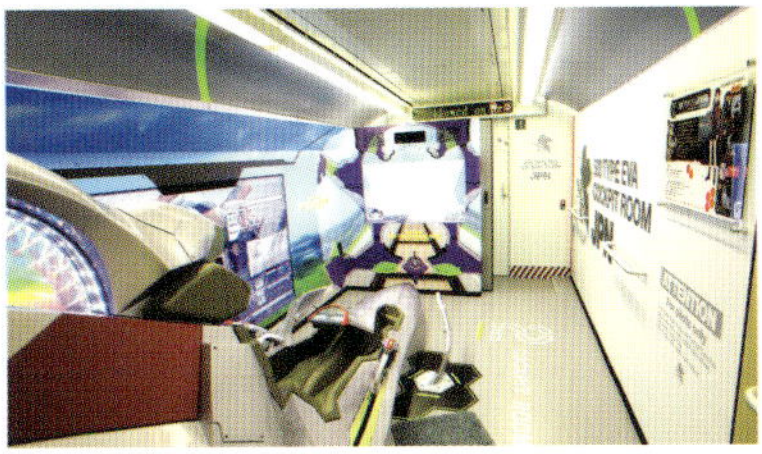

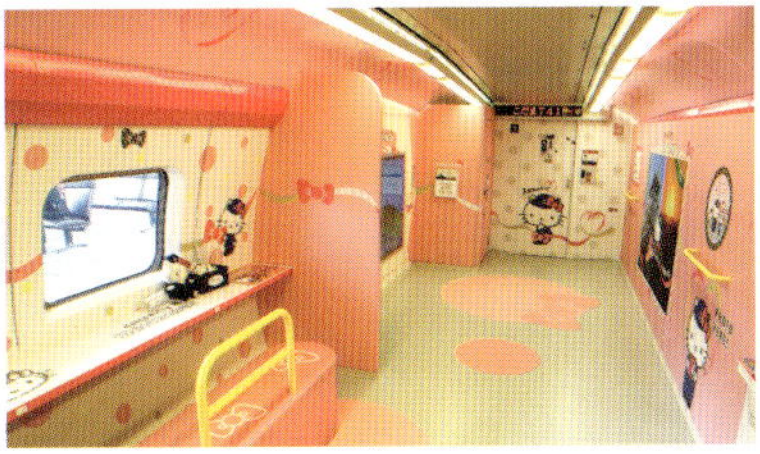

写真上二枚、「エヴァンゲリオン」を模した500系新幹線「500 TYPE EVA」は、原作・総監督の庵野秀明氏が監修を務めた。平成27（2015）年11月から平成30（2018）年5月まで運行された。
下二枚　「ハローキティ」とコラボレーションした500系新幹線「ハローキティ新幹線」の運行が平成30（2018）年6月30日から開始、新大阪駅～博多駅間の「こだま」の定期列車として、ほぼ毎日運行している。

■都落ちした５００系第二の人生

「５００ＴＹＰＥ ＥＶＡ」

短編成に減車された５００系はラッピング列車として第二の人生を送ることになった。

平成27（２０１５）年11月7日からは、テレビアニメ『新世紀エヴァンゲリオン』放送開始20周年記念のコラボレーション企画で「５００ＴＹＰＥ ＥＶＡ」の運行を開始した。アニメファン、特撮ファンには人気を博したが、往年の東海道新幹線を颯爽と走る５００系の雄姿はみじんも感じられなかった。

■「ハローキティ新幹線」

「エヴァンゲリオン」人気に気を良くしてか平成30（２０１８）年6月30日からは、サンリオのキャラクター「ハローキティ」とのコラボレーション企画の「ハローキティ新幹線」の運行を開始した。この電車は派手なピンクを主体に変身した５００系が個人的には「哀れ」で５００系の栄光を自らが否定するものだと気を落としたものだ。そのような「悲運」の運命を辿って来た５００系も順次廃車される予定で、令和９（２０２７）年をめどに営業運転を終える予定だという。

みちのくの希望　東北新幹線

これまでの東北の交通体系を変えた「東北新幹線」東京―青森間

昭和46（1971）年11月に着工して以来、約11年の歳月と、２兆8000億円の建設費をかけて「東北新幹線」大宮―盛岡間505㎞（営業キロ）が昭和57（1982）年６月23日に開通した。だが、大宮から都心までの乗り入れは未開通の暫定開業だった。そのため上野―大宮間には185系電車による「新幹線リレー号」が運転されていた。

仙台駅に入線する200系試運転電車（報道公開時許可済）

開業時のフラッグシップ電車200系

大宮開業の時点で上野—盛岡間は約4時間、上野—仙台間は約2時間40分となり在来線特急より大幅に所要時間が短縮された。東北新幹線から5ヶ月後に大宮—新潟間の「上越新幹線」も開通した。両新幹線で使用された電車は200系と呼ばれる電車で、新幹線では初めて「系列」の呼び方がされた、と同時に東海道新幹線で運用されていた「新幹線電車」は正式に「0系」と系列名で呼ばれるようになった。

200系電車の全体のスタイルは0系を踏襲していたが、ボンネット部分が、やや長めということから「鼻高美人」などともいわれた。これに対して0系は「だんご鼻」と言われるようになったとか？

色はアイボリーホワイトにグリーンのツートンカラーでホワイトは上越の雪山、グリーンはみちのくの水田を表す若草色ともいわれた。若草色は春を待ち望む北国の人たちの願いを表す色ともいわれていた。

この200系の最大の特徴は「雪に弱い0系」の教訓を生かして雪国を走るために耐寒大雪の装備は万全に備えていることだ。前頭部のスカートの部分には積雪をかき分けるスノー

平成14（2002）年12月1日八戸開業 時に登場したE2系「はやて」、東京～八戸間を2時間56分 で結んだ。盛岡－沼宮内間で2002年12月撮影

プロウが取りつけられ、車体の床下にある機器はすっぽり覆われたボディマウント方式構造がとられていた。

昭和60（1985）年3月14日には東北新幹線上野駅―大宮駅間（27・7km）開業。200系による最高速度を240km／hに引き上げ、同時に水沢江刺駅、新花巻駅開業。「新幹線リレー号」は廃止となった。

昭和62（1987）年4月1日にJRが発足すると、東北新幹線はJR東日本の運営となった。

平成3（1991）年6月20日には東北新幹線東京駅―上野駅間（3・6km）が開業。東北・上越方面の新幹線は東京駅がターミナルとなった。

平成4（1992）年7月1日には「ミニ新幹線」が登場した。奥羽本線の福島―山形間を標準軌に改軌して直通列車「つばさ」が運転開始。「山形新幹線」の愛称を持ち、東京―福島間は200系「やまびこ」と400系「つばさ」の併結運転を開始した。

平成6（1994）年7月15日にオール二階建て電車E1が営業運転を開始「Maxやまびこ」「Maxあおば」が新設された。平成9（1997）年3月22日、盛岡から田沢湖線・奥羽本線を秋田まで改軌して通称「秋田新幹線」が盛岡駅―

東北新幹線内を単独運転で 320km/h で走る E5 系　新白河－郡山　令和 4（2022）年 7 月撮影

秋田駅間に開業して、直通列車E3系による「こまち」が運転開始。新幹線内では最高速度を275km/hへ引き上げた。同日にはE2系が投入されE2系「やまびこ」とE3系「こまち」の併結運転を開始。「つばさ」を併結する「やまびこ」が10両編成となり新幹線としては初めてとなる17両編成の列車が見られるようになった。

■超高速運転E5系「はやぶさ」登場

平成14（2002）年12月1日の盛岡駅―八戸駅間延伸開業と同時に最速列車の「はやて」が運行開始した。この「はやて」の愛称名は国鉄時代には「はやて（疾風）」は東北地方の感染力の強い流行り病の別名を言うところからタブーとされていた。JRになると国鉄のしがらみから開放されたこともあり、速いイメージの「はやて」が列車名となったわけだ。「はやて」は、この時点では東京駅発着の最速列車であった。

平成22（2010）年12月4日には東北新幹線八戸駅―新青森駅間（81・8km）が開業。これにより東北新幹線は全線開業した。さらに平成23（2011）年3月5日からは、新型車両E5系による「はやぶさ」が東京駅―新青森駅間で最高速度300km/h運転を開始した。平成25（2013）年

東北、上越新幹線用の 925 形「ドクターイエロー」

,E2 系に組み込まれていた検測車

E2 系 0 番台に組み込まれた E926 + 13 「East i」の軌道検測車を連結した珍しい編成。

には最高速度を国内初の320km/hに引き上げている。いっぽうで「はやて」は「はやぶさ」の運行開始からは徐々に本数が減少し、平成31（2019）年3月16日のダイヤ改正では盛岡以南での定期列車の設定が無くなった。

■北国のドクターイエローたち

東北・上越新幹線には国鉄時代から925形といわれる検査測定車両があった。200系新幹線の原形ともいわれ東北・上越新幹線で活躍していたが、現在の「East i」の登場により平成13（2001）年に引退した。

新幹線E926形電車 East I

「East i（イーストアイ）」とは、JR東日本の電気・軌道総合試験車（検測車）の愛称。平成13（2001）年に登場した。フル規格と在来線の施設両方に対応するため、車体はE3系がベースだ。

East iは最高速度275km/hで走行しながら各検測を実行する。検測車では世界一の速さだ。

East iの車内

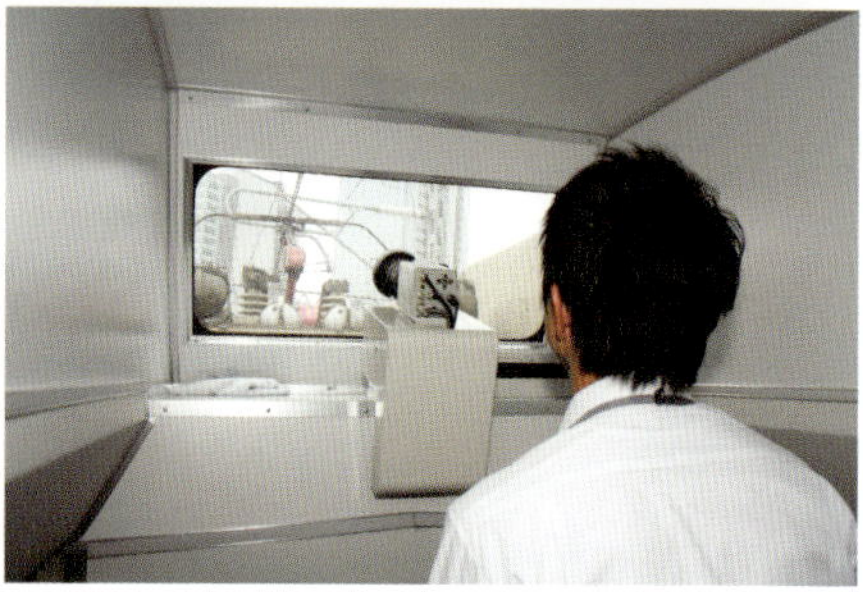

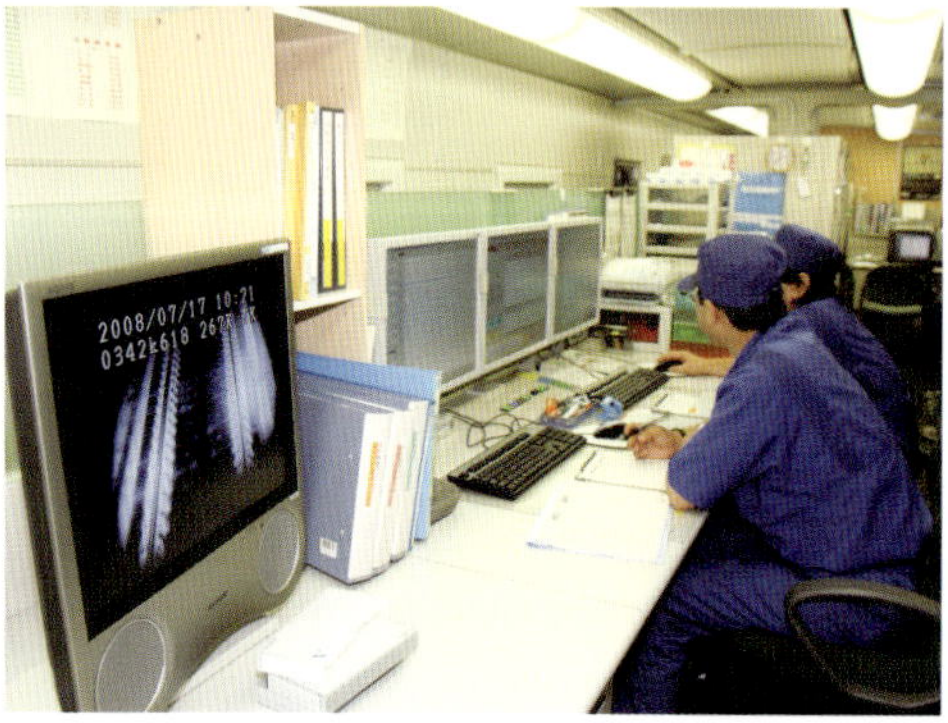

E2系0番台N21編成＋E926-13「東北新幹線 検測

東北新幹線の電気軌道総合試験車「East i」が検査入場中のため長野新幹線用のE2系N21編成に軌道検測車E926-13を組込み計測が実施された珍しい検測の様子。東北新幹線白石蔵王で撮影。

■E5系の先陣を切った「FASTECH 360」

FASTECH 360は次世代の新幹線車両の技術をテストするために開発された。形式はE954系新幹線高速試験電車で、試験データを元にE5系の量産先行車（320km/h）が平成21（2009）年5月に登場した。

「FASTECH360S」は平成21（2009）年9月、1両も保存されること無く全車両が解体された。この写真は特別に取材が許された車内の記録である。「FASTECH 360S」の車内写真はこれが初のことだ。

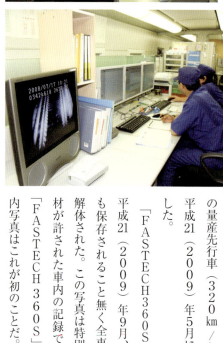

E954「FASTECH360」は試験電車でありながら車内インテリアは営業車と同じアコモデーションが完備していた。この車内設備は E5 系に生かされている。

FASTECH360Sの車内

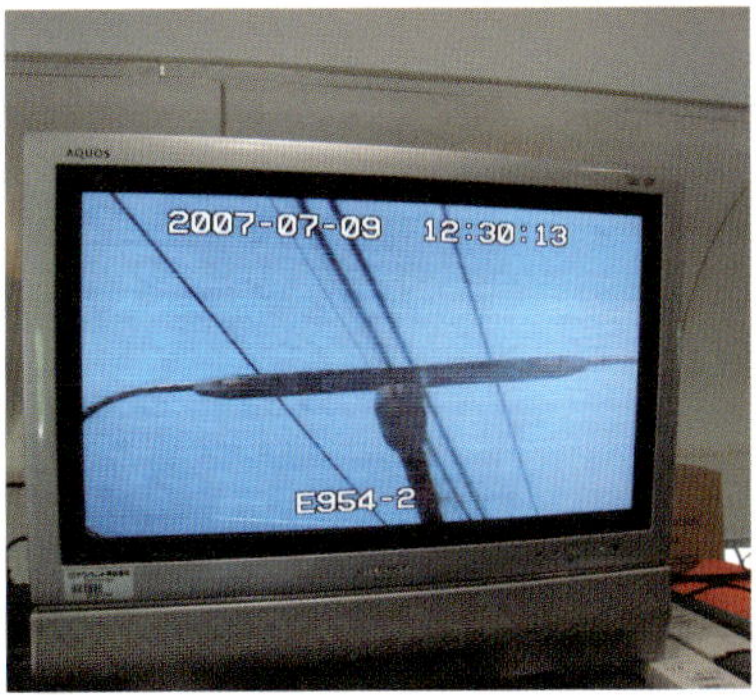

東京方面の１号車は「ストリームライン」と呼ばれる流線形（写真上）、盛岡方の８号車は「アローライン」と呼ばれる形状。車内には各種検測装置も備えている。最高速度 360km/h を目指した。

試験走行を終えて早朝の仙台駅を車両基地「新幹線総合車両所」に向かう ALFA-X

報道陣に公開された、それぞれ異なる流線形。

■ALFA-X 北海道新幹線目指して試運転中

JR東日本の次世代新幹線の開発に向け、E956形式による「ALFA-X（Advanced Labs for Frontline Activity in rail eXperimentation）」を開発した。平成31（2019）年5月に仙台総合車両センターで報道公開後、ただちに東北新幹線内で、試験走行をおこなっている。計画では北海道新幹線札幌開業に合わせての営業用電車に技術が生かされる予定だ。

まるで SF ゲームを思わせるコクピットは未来の新幹線を思わせる。

終電車が終わった後に仙台ー盛岡間で試運転を繰り返した。首都圏にも運転する。

上越新幹線　国境の長いトンネルを抜ける

上越の春、開業前の試運転電車が赤谷川橋梁を桜を満喫しながら走る。昭和 57（1982）年 5 月撮影

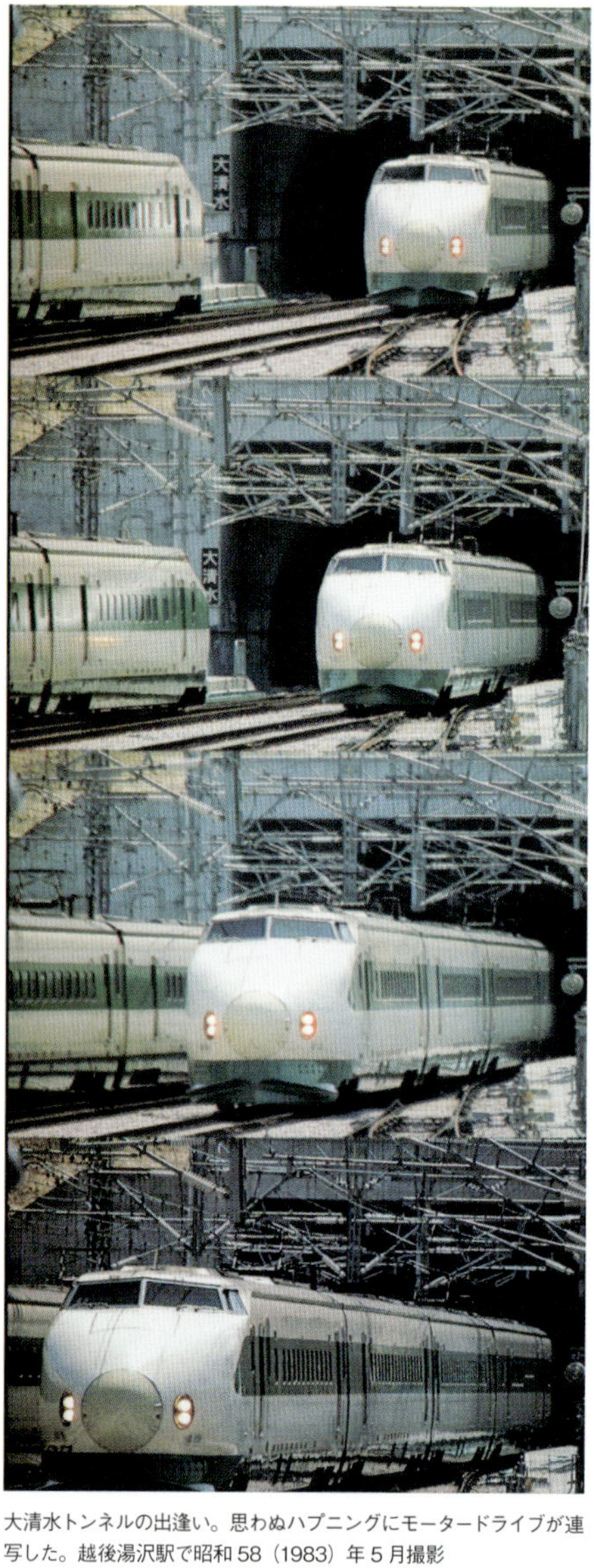

大清水トンネルの出逢い。思わぬハプニングにモータードライブが連写した。越後湯沢駅で昭和58（1983）年5月撮影

上越新幹線車両の移り変わり

上越新幹線は東北新幹線大宮―盛岡間の開業から5か月遅れた昭和57（1982）年11月15日に大宮―新潟間303.6㎞（営業キロ）の開業を迎えた。新しい新幹線電車には速達タイプの「あさひ」が11往復、各駅停車の「とき」が10往復設定された。「あさひ」はそれまで新潟―仙台間を米坂線経由で結んでいた急行「あさひ」を踏襲した。「とき」は新幹線開業前にL特急「とき」をそのまま新幹線の列車名に移行、

開業前日、200系の母体となった962形試作電車が試験走行から戻って来た。昭和57（1982）年、新潟駅で撮影

スケールの大きい吾妻川橋梁を行くE4系「Maxとき」、この橋梁は紅葉の名所で何度も通った。高崎―上毛高原

車両は東北新幹線と共通の２００系電車が使用されて最高速度２１０km／hで山岳路線を走行した。

沿線には在来線時代から上越国境を越える長大トンネルが難所として知られてきたが、新幹線では谷川岳直下に全長２万２２２１ｍの当時日本一長い大清水トンネルが建設され、新幹線電車が高速運転で駆け抜けた。

平成２（１９９０）年3月10日からは、さらなる所要時間の短縮を目指して、山間部のトンネル区間を中心に、上毛高原―浦佐間の下り線で改造を施した２００系F90番台編成により、最高速度２７５km／hの営業運転を開始した。

当時、平成４（１９９２）年に営業を開始した東海道新幹線「のぞみ」（３００系）の場合は最高速度が２７０km／hであることから「あさひ」は日本一速い新幹線となった。

平成３（１９９１）年6月20日に東北新幹線東京―上野間が延伸開業し、上越新幹線にも東京駅発着列車が設定された。

平成６（１９９４）年7月15日には日本初のオール二階建て新幹線E1系「Max」が営業運転を開始した。この二階建て新幹線により輸送人員は大幅に増え、首都圏への通勤電車としても利用されるようになった。二階建て新幹線による「Maxあさひ」「Maxとき」の列車名も登場して、Maxは

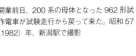

日本初のオール二階建て新幹線 E1 系が榛名トンネルを抜けて新潟に向かう。高崎―上毛高原間で撮影

遠くに谷川岳など上越国境の山々をバックに E4 系「Max とき」が走る。上毛高原ー高崎間で撮影

E4系のダブルデッカー。ダブルデッカーの普通席、二階は横6席でベンチシート、階下は横5席のリクライニングシート。二階部分の車内販売は無人エレベーターでワゴンを二階に運ぶ。初期の頃には1階ホールにはビュッフェを兼ねた売店があった。

上越新幹線の新しい「顔」となった。平成9（1997）年には「たにがわ」「Maxたにがわ」が新設された。

平成25（2013）年1月にはE2系4編成が投入された。しかしその代償に開業以来走り続けて来た200系の定期運用が同年4月14日をもって終了した。だが、そのE2系も令和5（2023）年3月のダイヤ改正による上越新幹線の最高速度引き上げに伴い、同月17日に上越新幹線での定期運用を終了した。E2系に代わり同年3月からは「とき」4往復「たにがわ」1往復にE7系を投入。現在は全列車がE7系により最高速度275km／hで運転されている。これはかつて200系での大清水トンネル内の最高速度275km／hと同一速度であった。

■オール2階建てE4系Max

オール2階建て新幹線「Max（Multi Amenity Express）」の二代目として開発されたE4系は平成9（1997）年12月に東北新幹線で営業運転をスタートし、上越新幹線には平成13（2001）年に登場した。8両の基本編成の定員は817名で、2編成連結時は高速列車としては当時世界最大の定員は1634名を誇っていた。

北海道新幹線

青函トンネルを出て北海道に第一歩を記したH5系「はやぶさ」

青函トンネルを通過したH5系「はやぶさ」

北海道新幹線は、計画では青森から北海道旭川までを結ぶ新幹線のことである。このうち青森―札幌間が昭和48（1973）年11月13日に整備計画が決定された。この決定より前に昭和36（1961）年に本州と北海道を結ぶ青函トンネルの工事が始まった。当初は在来線規格での設計だったが、整備新幹線計画に合わせて新幹線フル規格に変更され建設された。平成28（2016）年3月26日の北海道新幹線開業以降は、在来線レールには貨物列車や臨時列車が走り、新幹線軌道はE5、H5系による「はやぶさ」が東京から直行で北海道を結ぶほか、区間列車の「はやて」も走る。

ただこの青函トンネルにも課題がある。これまで新幹線のトンネル内の最高速度は160km／hに抑えられてきた。トンネル内を走行する在来線の貨物列車とすれ違った場合、風圧で列車が影響を受けるおそれがあるからだ。その諸問題をクリアしたうえでJR北海道と国土交通省は令和6（2024）年のゴールデンウィーク期間において、青函トンネルで260km／h運転を実施すると発表した。期間中は、東京～新函館

東北新幹線内を 320km/h で走る H5 系「はやぶさ」 新白河－那須塩原間で撮影

北斗間が最短3時間52分で結ばれることになった。その苦肉の策としては「時間帯区分方式」を導入し、日中を新幹線のみが走る時間に設定して、トンネル内での貨物列車との競合を避けて新幹線の高速運転が実現したものだ。

H5 系には、紫の帯と北海道のマークのエンブレムが表示されている。

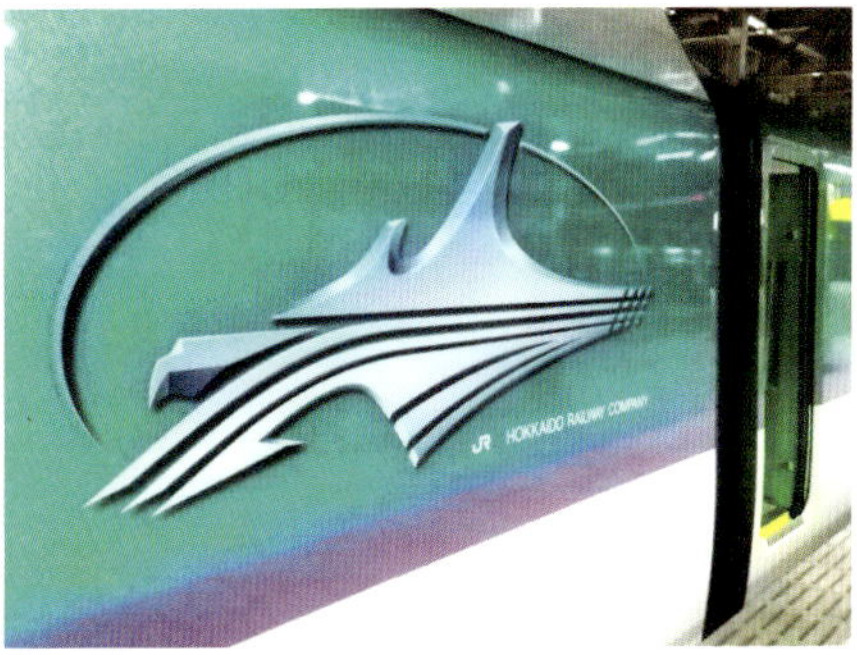

超高速運転をつかさどる E5、H5 系の運転台。報道公開で撮影。

新函館北斗駅
平成28（2016）年3月26日に開業した北海道新幹線の当面の終着駅。駅が北斗市にあるため函館市との間で駅名命名には両市の間で論争があったが、函館、北斗の名を冠することで「函館北斗」に決まった。現在の北海道の終着駅は函館市内から17.9km(営業キロ）も離れているため函館駅との間はシャトル列車「はこだてライナー」で結ばれている。

■青函トンネル

青森と函館を結ぶ津軽海峡は海難事故が多く、昭和29（1954）年9月には台風接近下に連絡船洞爺丸他4隻が函館港外で遭難するという大惨事が発生した。この事故を受けて戦前から計画されていた、本州と北海道を海底トンネルで結ぶ構想が一気に具体化し工事が始まった。

昭和62（1987）年9月28日にはDD51形ディーゼル機関車の牽引でオヤ31形を含む試験列車がトンネル内を初めて走行、10月21日には試運転電車が走行し、昭和63（1988）年3月13日に海峡線が開業。青函連絡船に代わり快速「海峡号」が青森—函館間を結び、青函トンネル内にも「竜飛海底駅」と「吉岡海底駅」が設けられ、ツアー列車による海底駅見学も行なわれていた。

■青函トンネルのデータ

トンネル断面は複線新幹線型、軌道構造は三線式スラブ軌道（新幹線も通る構造）。トンネルの始点は青森県東津軽郡今別町浜名、終点は北海道上磯郡知内町湯の里で、総延長は53.85km（海底部23.30km／陸上部30.55km）

だ。最小曲線半径は6，500m、最急勾配12‰、最大水深140mの海底下100mを通っている。

吹雪の中、青函トンネル青森口から出る開業前の試運転列車。昭和63（1988）年1月、報道公開時に撮影

開業当時はトンネル内の吉岡海底駅と竜飛海底駅があり、見学用のラッピング列車「ドラえもん海底列車」が運行され、海底駅見学整理券「ゾーン539きっぷ」予約者には吉岡海底駅が見学できた。

青函トンネル内の「吉岡海底駅」見学者は下車してトンネル内施設を見学する。見学終了した後には次の列車の乗ってツアーは終了する。吉岡海底駅見学コースは平成18（2006）年8月27日をもって終了して、海底駅も平成26（2014）年3月で廃止となった。

山形新幹線

紅花は朝に摘む花であり、朝夕が紅花の見頃になる。夕方、日が西に傾く頃に紅花と新形 E8 系を狙ってみた。奥羽本線　関根－米沢　令和 6（2024）年 7 月撮影

開業当初はシルバーメタリックボディの400系が運用されていた。

山形新幹線（奥羽本線福島—新庄）

山形新幹線は東京—山形・新庄間を東北新幹線と奥羽本線経由で結んでいる列車と区間の「通称」で、福島から山形までの奥羽本線を新幹線車両が直通できるように軌間を標準軌に改軌して、車両は新幹線性能のまま在来線の特急サイズに改良したもので「ミニ新幹線」方式と話題を呼んだ。

平成４（１９９２）年の開業時に４００系電車が登場、在来線特急「つばさ」の愛称名をそのまま新幹線電車に受け継いだ。４００系は新幹線車両だが、在来線区間も走行するため、車体長２００００㎜・車体幅２９４５㎜と在来線の車両限界の規格に合わせていた。運転経路としては東京—福島間は新幹線電車２００系、Ｅ４系などに連結協調運転され、福島にて新幹線から分割され奥羽本線内を最高速度１３０㎞／ｈで運転されたが、４００系単独で東北新幹線内を２４０㎞／ｈで走る「つばさ」も運転されていた。

平成11（１９９９）年12月４日には山形—新庄間が延伸開業し、合わせて増備されたＥ３系１０００番台が順次登場した。平成22（２０１０）年４月には４００系はＥ３系にバト

「新庄延伸10周年」のヘッドマークを付けて豪雪をかき分けて板谷峠を越えて来た400系。平成21（2009）年12月20日撮影

ンタッチして400系は引退した。

平成26（2014）年4月下旬頃より、山形新幹線「つばさ」で使用されている編成の塗装の変更が開始された。新塗色は山形県出身の工業デザイナー奥山清行氏による山形県の県鳥「おしどり」と県花「べにばな」などをモチーフとした塗装で以後、山形新幹線のシンボルカラーになった。

奥羽本線の在来線普通列車には719系5000番台が運用されている。

山形新幹線は奥羽本線を走る、当然在来線には踏切もある。

E3系のラッピング列車「とれいゆ つばさ」。山形県の観光キャンペーンで登場した観光列車だ。

■観光列車「とれいゆ つばさ」

山形デスティネーションキャンペーンに合わせて平成26（2014）年7月からE3系による新幹線初の観光列車「とれいゆ つばさ」が運転開始した。「とれいゆ」という名称は「トレイン」と「ソレイユ」（太陽）とを合わせた造語で月山をモチーフとした緑色が基調のデザインは奥山清行氏が担当した。車内は「湯上りラウンジ」や「くつろぎの間」（足湯）や「お座敷指定席」など和風に彩られた電車だった（2022年3月6日運行終了）。

■最新「つばさ」E8系電車

山形新幹線の「つばさ」向けの新形式車両としてE3系以来約25年ぶりのE8系電車が登場、2023年2月27日から各種試運転を行い、令和6（2024）年3月16日より営業運転を開始した。E8の流線形はE3と比べると鼻が長く丸味を帯びたデザインで、車内の座席の色も山形県の県花「べにばな」色が用いられている。紅花とそれを摘む女性に例えられ山形ではE8系を「べにばな美人」と呼ぶ人もいるそうだ。

車内には足湯の「湯上りラウンジ」や「お座敷指定席」があり、湯上りに居酒屋気分で飲食が楽しめた。「とれいゆ」は異色の新幹線だった。

E3 系のリニューアル車は「歌舞伎役者の隈取り化粧 」と言われた。

新形 E8 系が板谷峠のスイッチバックの勾配区間を行く。

秋田新幹線

折からの豪雨に見舞われた「こまち」 刺巻ー神代間 平成 25（2013）年 9 月撮影

秋田こまち
華麗に在来線を走る

秋田新幹線とは盛岡と大曲間の田沢湖線と大曲から秋田間の奥羽本線を経由して東京―秋田間を結ぶ「ミニ新幹線」のことで、平成9（1997）年に開業した。開業当初はE3系が200系やE2系の連結運転で東北新幹線を走行し、盛岡から在来線区間はE3系「こまち」が単独運転をした。途中の大曲駅は田沢湖線と奥羽本線の接続駅のためスイッチバックにより進行方向を変えて運転している。平成26（2014）年からは全ての車両がE6系に置き換えられE3系の運転は終了した。E6系はE5系と同様の技術を採用しており、新幹線区間での高速走行安定性を確保。この2列車が東北新幹線を走行する姿はまるで「姉妹列車」のごとき美しい編成美を見せている。

E3系時代で印象深かった出来事といえば、平成25（2013）年9月の秋田新幹線の撮影旅行でのことだ。朝からの雨が激しくなり仙岩峠付近は集中豪雨のごとき雨が線路を叩きつけた。運休を心配しながら秋田行き「こまち」を待っていると山間のカーブを水煙を上げてE3系が近づいてきた。

雪景色に真っ赤なボディラインが鮮やかだ。雫石－春木場　平成 26（2014）年 2 月撮影

あまりの形相に雨具をかなぐり捨ててカメラだけをコンビニ袋でプロテクトして、迫力ある豪雨下の「こまち」を撮影した。前身ずぶ濡れになったが、それなりにE3系の傑作が撮れた。

平成26（2014）年2月にはE3系の惜別の撮影をした。雪景色のなか「ありがとう、こまち」の文字を書き込んだE3系が峠を越えてきた。E3系にはいろいろな思い出がある。その後ろ姿に惜別のエールを送ったのである。

E3系の後を継いだE6系も、その斬新な流線形と共に大好きな新幹線電車である。この在来線規格で超高速性能を誇る電車こそ、世界にアピールできる日本の鉄道技術だと信じている。

紅葉の仙岩峠を越えて来たE3系「こまち」　赤渕－田沢湖間

大宮駅でE6系「こまち」のお披露目には、なまはげも登場　平成23（2011）年11月撮影

美しいE6系のサイドビュー

コンパクトな新幹線の運転台

■秋田新幹線直通E6系

ミニ新幹線方式で東京と秋田間を直通で結ぶ秋田新幹線のE6系は平成22（2010）年7月9日に新幹線総合車両センターで報道陣に公開されて、平成25（2013）年3月16日から「スーパーこまち」として営業運転を開始した（2014年3月のダイヤ改正からは「こまち」として運転）。

E6系は平成23（2011）年3月に運行を開始したE5系と東京—盛岡間で併結運転をするため、より高速走行できる電車が必要となったため誕生した電車である。新幹線区間

E3: 系「こまち」引退間近の「ありがとう　こまち」のラッピング電車。雫石－春木場　平成 26（2014）年 2 月撮影

のＥ５系との併結運転や単独運転により最高速度３２０㎞／ｈでの高速走行安定性と、在来線区間の最高速度１３０㎞／ｈでの曲線通過性能を両立させた電車になっている。

車両デザインは工業デザイナーの奥山清行氏が手掛けており、エクステリアデザインは車体上部は竿灯まつりの提灯の明かりやなまはげの面など、秋田の歳時記で息づいてきた赤色をアレンジした〝茜色〟を採用して美しい流線形フォルムと相まって新幹線で最も人気の高い電車だ。

E6 系を先頭に E5 系「やまびこ」を従えて白石蔵王駅を通過。

杜の都仙台駅を後にする「こまち」「やまびこ」連結部

九州新幹線

不知火の海を見て走る「さくら」 出水ー新水俣

九州独自の新幹線電車で登場した九州新幹線

九州新幹線、博多―鹿児島中央間は平成16（2004）年3月に新八代駅―鹿児島中央駅間がフル規格で暫定開業した。博多―新八代間は在来線特急「リレーつばめ」が新八代駅の同じホームで接続することで、スピーディな乗り換えが出来ることになり、これまでの在来線に頼ってきた博多―鹿児島中央（西鹿児島）間の所要時間は大幅に短縮され、新八代と鹿児島中央間は在来線時代の所要時間2時間2分から34分と大幅に短縮され、博多駅―鹿児島中央駅の所要時間も2時間10分となった。

平成23（2011）年3月12日には博多―新八代駅間130・0㎞が開業して九州新幹線鹿児島ルートは全線開業し、山陽新幹線との直通運転を開始した。全線開業により、山陽新幹線新大阪行きの「みずほ」「さくら」がN700系7000・8000番台で営業運転開始された。新列車の登場により「つばめ」は全駅停車の列車になった。

全線開業により博多―鹿児島中央は最速約1時間20分で結ばれた。新大阪から鹿児島中央までは「みずほ」が最速3時

新水俣駅近くの高架橋を行く800系「つばめ」

鹿児島本線の特急「つばめ」を臨む新幹線工事現場。新水俣駅付近　平成14（2002）年9月

間43分で結び、「さくら」は1時間に1本を運行、新大阪―鹿児島中央間を約4時間10分で結ぶ。九州新幹線でのみ運行し、各駅に停車する「つばめ」は博多―鹿児島中央を2時間弱で結ぶようになった。

開業に向かって駅工事たけなわの「出水駅」
平成14（2002）年9月

車両基地（熊本総合車両所）見学会　平成22（2010）年8月21日

■N700系さくら公開

平成22（2010）年8月21日、JR九州は熊本総合車両所で地元の人たちや報道関係者に九州新幹線に登場するN700系「さくら」の内覧会を開催した。同新幹線に国鉄の名特急「さくら」の名が復活するとあって大きな注目を集めた。この日のイベントは熊本総合車両所の内覧会も兼ねて行なわれたものでオープニングのテープカットのあと、地元の人たちにも広く公開された。平成23（2011）年3月の九州新幹線鹿児島ルートの全線開業と同時に相互乗り入れを始め、新大阪―鹿児島中央（約900㎞）を4時間程度で結ぶ。「さくら」「みずほ」に使用されるN700系は「白藍」と呼ばれる色を基調に、金色で縁取りした濃紺の横線をあしらったJR九州独特の新幹線カラーだ。

鹿児島中央まで全線開業と同時にN700系7000番台、8000番台となる1編成8両による「さくら」「みずほ」が投入された。新大牟田ー新玉名間で撮影

鹿児島中央から新大阪まで直通運転される「みずほ」「さくら」は山陽新幹線内は300km/h走行。ボディーカラーに、伝統的な陶磁器の青磁 を思わせる色を使用している。

800系は新八代-鹿児島中央間の開業に合わせた700系7000番台をベースにした電車で、九州内の「つばめ」に使用されている。新水俣ー出水間で撮影

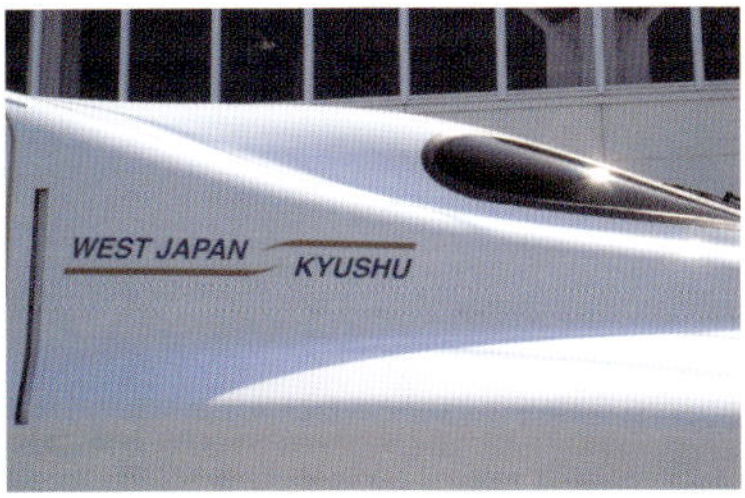

試乗会にはアテンダントの「つばめガール」が同乗、車内を案内してくれた。

出水ー新水俣間の唯一海を臨む区間を走る800系「つばめ」

■新八代―鹿児島中央「つばめ」試乗

平成26（2014）年3月14日の日記から転載

西鹿児島駅の食堂で朝飯を済ませて九州新幹線西鹿児島―新八代間の800系試乗列車に乗る。1号車はマスコミ関係者が多く、ある新聞社の知人の論説委員もわざわざ東京からやってきた。新八代駅まではノンストップで約34分。帰路は各駅に停車して46分の所要である。同区間は在来線特急で2時間15分ほどかかるから、やはり新幹線の威力は凄い。車内は6両すべてが普通車。だが普通座席はグリーン車並みで横4席のゆったり座席がいい。洗面所の戸は「縄のれん」、電話室は居酒屋風のれんがかかっていて遊び心たっぷりの電車。ただ所要時間40分程度では駅弁を食べる暇もないし、ゆったり座席でのんびりとはいかないようだ。9時50分に発車。西鹿児島と新八代間を往復して再び西鹿児島に戻ったのは11時36分だった。

平成 16（2004）年は暫定開業のため博多からは新八代までは 787 系「リレーつばめ」が新幹線と接続した。
新八代での乗り換えは同一ホームで行われるので３分の乗り換え時間が設定されスムーズに乗り換えができた。

新八代駅は 2004 年 3 月 13 日 の九州新幹線暫定時に開業した新駅で、当面は在来線からの接続列車との乗り換え駅として利用されてきたが、全線開業後は通過駅として現在に至っている。

開業前は、新しい新幹線の駅になったものの「西鹿児島」駅のまま、試乗会では西鹿児島駅を利用した。

800 系の外観装飾文字や車内の装飾は「和」のインテリアを強調している。普通車の横 4 席もゆったりして快適だ。

「見切り発車」のわずか69.6kmの新幹線は将来の新鳥栖までの見通しは立っていない。嬉野温泉～新大村 間の大村湾を臨むビューポイントが車窓からの唯一の楽しみだ。

在来線と接続する武雄温泉駅は同一ホームで「リレーかもめ」から乗り換えができる（写真下）。

西九州新幹線　新鳥栖—長崎

令和4（2022）年9月23日に武雄温泉駅で在来線とフル規格新幹線の対面乗り換え方式により武雄温泉—長崎間が開業した。しかし、肝心の新鳥栖—武雄温泉間は整備新幹線計画を進めたい国とフル規格新幹線とではルートや佐賀県の費用負担をめぐって様々な曲折があり議論が進まず武雄温泉—長崎間は見切り発車となり、この区間の開業の見通しは立っていない。

■フリーゲージトレイン（FGT）

現時点で未開通となっている、新鳥栖—武雄温泉間は在来線を活用して軌間の異なる在来線（狭軌）と新幹線（標準軌）を直通できるフリーゲージトレイン軌間可変電車を導入する方針だった。第一次試験車両は平成10（1998）年に3両編成が完成して試運転を繰り返していた。

フリーゲージトレインの二次試験車両
四国鉄道文化館で保存展示されているフリーゲージトレインの二次試験車両 。在来線では130km/h、新幹線では270km/hで走行を計画して、四国内の在来線と九州内の新幹線区間で試験走行を行なったが実現はしていない。

平成19（２００７）年に登場した二次車では、新幹線区間では最高速度２７０km／h、在来線区間１３０km／h、新幹線・在来線を結ぶ接続線では50km／hで走行して軌間変換装置の通過時は10km／hで走行するのが目的だった。

フリーゲージトレインの決定版ともいえる３次車が平成24（２０１２）年に61億８７００万円を投じて開発され平成26（２０１４）年４月から熊本県内で走行試験を開始した。ところが一部の台車に欠損が発生し走行試験を取りやめた。さらにＪＲ九州では「フリーゲージトレインによる運営は困難」としてフリーゲージトレイン導入を断念、平成30（２０１８）年になってもフリーゲージトレインの諸問題が完全には解消されなかったため、国土交通省も開発断念の見解を示した。約５５０億円という巨費の開発費をかけて期待されたフリーゲージトレインだったが鉄道会社と国の「断念のひと声」で実現には至らなかった。

このまま西九州新幹線はいつまで全線開業にこぎつけられないのか、それは関係者も今もって解明されていない。

北陸新幹線　悲願の福井乗り入れへ

紫式部も越前滞在中に詠んだ「日野山」の麓を走るW7系試運転電車。敦賀―越前たけふ間で　令和6（2024）年2月撮影

美しい上田ハープ橋 (第二千曲川橋梁) を長野に向かう E2 系試運転電車。平成 9（1997）年 9 月撮影

東京（高崎）から長野まではE2系から始まった

北陸新幹線は、全国新幹線鉄道整備法に基づき、東京～大阪までの整備計画が定められている整備新幹線で、平成9（1997）年10月1日には翌年に長野で開催される冬季オリンピックに向け高崎から長野までの117㎞が開業した。そして平成27（2015）年3月14日に長野から金沢までの240㎞が開業した。これにより、北陸四県（福井、石川、富山、新潟）のうち新幹線が未開通だった福井県にも、ようやく金沢―敦賀間114・6㎞の延伸が近づき、2023年度末の完成に向けて最終工事が急ピッチで進められていた。

そして予定より1年遅れること令和6（2024）年3月16日に敦賀までの延伸が開業して福井県に待望の新幹線が

紅葉の浅間山を見て千曲川を渡る E2 系「あさま」　上田－佐久平間

右／碓氷峠からの急勾配を降りてくる E2 試運転列車　安中榛名－高崎間で　平成 9（1997）年 8 月撮影　左／小諸付近の高架橋を行く E2 系「あさま」　上田－佐久平間

金沢開業に合わせて登場されたE7系、JR西日本はW7系と表記。新幹線総合車両センターで　平成25（2013）年11月撮影

やって来たのだ。

■勾配に強いE2系N編成

E2系N編成は平成10（1998）年2月に開催された長野オリンピックに合わせて開業した北陸新幹線（長野行新幹線）の主力電車で、登坂能力にすぐれ碓氷峠（高崎—軽井沢）の30‰の連続急勾配ではその性能である登坂能力を発揮した。そのほかにも軽井沢〜佐久平間では周波数が切り替わるため、急勾配用抑速ブレーキとともに周波数変換装置を装備したE2系を用いる特別な事情があった。平成26（2014）年4月にはE7系が投入され、E2系も次第に置き換えが進んだ。平成27（2015）年3月の北陸新幹線金沢開業後も、長野—東京間の「あさま」の一部に使用されたが、平成29（2017）年3月31日の臨時「あさま655号」をもって長年

E7,W7系の運転台　新幹線総合車両センターで 2013年11月撮影

普通車・日本の伝統と最新技術の融合により、金沢開業を意識して「和」の座席シートの色を採用している。

グリーン車・ゆとりと開放感をテーマに「和風の和」の藍色の座席シートを横4席に配置。

E7系からは12号車に最上級クラスの「グランクラス」が設けられた。入口には加賀友禅をイメージした装飾が施されている。

グランクラスにはアテンダントが乗車して軽食やドリンク、おしぼり等のサービス がある(一部列車を除く)。座席は横3列のゆったりシートで18席が設置されている。

信州のスキー場を見て、千曲川を渡る「はくたか」　飯山－長野間　平成 28（2016）年 5 月

金沢に向けて発車を待つE7 系の特別試乗列車　大宮駅　平成 27（2015）年２月

「長野行新幹線」のフラッグシップ電車として活躍したE２系N編成は運転を終了した。

■幅広く活躍をする山岳用E７系

E７系は平成27（２０１５）年３月14日の北陸新幹線金沢開業に向けて開発された新幹線電車で平成25（２０１３）年11月28日に新幹線総合車両センターで報道公開された。平成26（２０１４）年３月15日から「あさま」として東京～長野間の勾配区間に先行投入された。ブレーキ性能を向上させ、５０／６０Ｈｚの両方に対応したシステムによりＪＲ西日本の同モデルＷ７系と共通運用を行なっている。現在北陸新幹線、上越新幹線の全列車に運用されている。

■金沢―敦賀間、試乗会列車に乗る

新しく開通した路線は、金沢から加賀平野に伸び小松を過ぎると県境に差し掛かり、柿原トンネル（2・5㎞）を越えると芦原温泉駅が県内最初の駅だ。芦原温泉駅を過ぎると福井平野をほぼ直線に走り、第二竹田川橋梁（３１１ｍ）と九頭竜川橋梁（４１４ｍ）を渡る。九頭竜川は県内を代表する大河で、新幹線と道路（県道）が同じ橋脚を使用する全国初の

新しい金沢駅

金沢駅は、北陸新幹線の平成 27（2015）年時点の終点であり、令和６（2024）年３月の福井延伸後は「中間駅」にもなった。兼六園口には訪れる人に差し出す雨傘をイメージした「もてなしドーム」があり、その先には金沢の新たなシンボルとなった「鼓門」が構えている。リニューフルした金沢駅は「世界で最も美しい 14 駅」に選ばれている (米旅行雑誌「トラベル・アンド・レジャー」)。

東京－金沢間特別試乗列車

平成 27（2015）年２月に行なわれた特別試乗会列車の車内では沿線を始め金沢の観光キャンペーンが行なわれた。金沢の「和」を現した試乗会記念弁当や、金沢の和装に身を包んだキャンペーンガールたちが車内サービスに努めた。

グランクラスに試乗する私。本当に旅を満喫するなら少し「息苦しい」雰囲気。

併用橋となり開業前から話題になっていた。
福井駅は新幹線構想が具体化したときに大幅に駅舎が改築され駅前には動く恐竜が設置され全国的に話題になり、福井鉄道の市内区間もバスターミナルに隣接して延伸された。新幹線東口にはえちぜん鉄道のホームが新幹線駅とほぼ同居する形で新築されている。

■沿線唯一の郊外型「越前たけふ駅」

福井駅を過ぎれば福井トンネルと鯖江トンネルを経て越前たけふ駅に至る。この駅は金沢—敦賀間で唯一市街地から離

北陸新幹線の車両を管理運行する白山総合車両所。隣接してトレインパーク白山（白山市立高速鉄道ビジターセンター）があり、新幹線の走行シーンや車両所の一部が見学できる。

芦原温泉と福井間に位置する九頭竜川橋梁(414m)は全国でも珍しい、新幹線と道路一体橋梁になっている。令和元（2019）年８月24日に工事現場を取材している。

ホーム工事中の福井駅、ホームは一時えちぜん鉄道が使用していた。

郊外型駅の「越前たけふ」駅は全容を現した。

工事が始まった敦賀駅。駅舎は全面的に建て替えられた。

れた地区に建設された新駅である。課題としては新駅と市街地を結ぶ交通アクセスだが、福鉄バスによる連絡バス、タクシー、レンタカーなどがあるほか、新駅に隣接して「道の駅」が建設されている。なお「越前たけふ駅」は福井鉄道「越前武生」駅名と重複するが、新幹線開業の1年前に福鉄は元の駅名「武生新」に戻った。

　新幹線は脇本トンネルを出るやすぐに新北陸トンネルに突入する。敦賀まではほぼトンネル内を通過する。新北陸トンネルを過ぎて短いトンネルを出ればすぐに敦賀駅である。ひときわ高い高架橋からは敦賀湾を望みながらホームに到達する。

越前たけふ駅に進入する試運転電車、遠方に北陸自動車道の武生架道橋が見える

■60年ぶりに新幹線の試運転電車を撮る

東海道新幹線開業の4ヵ月前の昭和39（1964）年6月、武生から乗った列車の窓から、米原駅手前で新幹線の高架橋を眺めていた。私の乗った列車が新幹線との立体交差に次第に近づいてゆくその時、東京方からゆっくりと「夢の超特急」が迫ってきた。開業前の試運転電車だった。夢中でヤシカミニスターのヤッターを切った。

この時に撮った3カットの白黒フィルムが私の今の仕事のスタート地点だった。

それから60年が経過して、令和6（2024）年2月1日には試乗会も兼ねたW7系による試運転が開始された。試乗会を終えた私は「越前たけふ」に戻り、駅近くの日野山を臨む農道でカメラを構えた。奇しくも60年後の新幹線試運転電車を待ちカメラを構えた。

60年前の試運転電車は、偶然に私の前に現れて驚き無我夢中だったが、今日の試運転電車は時間はあらかじめわかっている。これまでの60年に及ぶ私の写真家人生を思い起こしながら日野山を眺めていると「夢の超特急」の思い出が蘇って来た……。（158―159扉見開き参照）

福井駅乗り入れの新幹線は市内ではカーブを繰り返して走る。福井新聞社屋上から

新北陸トンネルを出て日野川橋梁 (310m) を渡り武生トンネル (2.460m) に突入する

始発の東京行き「かがやき 502 号」が敦賀駅を発車して行く。新規開業区間では唯一日本海が見える区間である。敦賀―越前たけふ駅間
令和 6（2024）年 5 月 22 日撮影

おわりに

「新幹線60年」は、10年前に「新幹線50年」という区切りの良い年に華々しくやったためか、どことなく地味な催しになるのはやむを得ない。その50年の時には数多くの記事、エッセイをメディアに提供した。ところが60年という節目は、私が新幹線電車に向けて初シャッターを切った時から60年を経ていたこともあり、いろいろ新幹線の思いが蘇ってきた。

我が故郷の福井県に北陸新幹線がやって来たのも、新幹線60年にあたるところから、極めて自己中心的な新幹線についての寄稿を行ってきた。この60年という産物を私の足跡風にまとめたのが本書であり、新幹線の良き事、悪き事を「鉄道大百科」風に書き下ろしたものである。

本書を執筆している間にまた馬齢を重ねた。60年から今度は「新幹線何年」に向けて歳をとり続けることであろう。

南正時　2024年8月24日　78歳

参考文献（順不同）

『新幹線ものがたり』1983.12　檀上完爾・南 正時 著／実業之日本社
『東海道新幹線 50 年』2014.3　須田寛 著／交通新聞社
『亜細亜新幹線　幻の東京発北京行き超特急』1998.5　前間孝則著／講談社文庫
『写真とイラストでみる新幹線　その 20 年の軌跡』1984.1　新幹線総局広報室／日本国有鉄道新幹線総局
『新幹線車両図鑑　・東海道新幹線』2014.9　講談社ビーシー編　編集協力　株 Frome Z ／講談社
『1936-1937 島秀雄の世界旅行』2009.1　島隆　監修／技術評論社
『図解 TGV vs. 新幹線』2008.10　佐藤芳彦 著／講談社
『鉄道試験車列伝』2020.4　写真監修 南 正時／ダイアプレス
『鉄道ジャーナル』南正時執筆部分／鉄道ジャーナル社、成美堂出版
『交通新聞』文化欄　南正時執筆部分／交通新聞社

取材協力 (報道公開)　JR 東海、JR 東日本、JR 西日本　JR 九州　JR 北海道　JRTT 鉄道・運輸機構
日本国有鉄道　JR 各社公式ホームページ　ドイツ鉄道
資料写真提供　坪内政美　鉄道博物館　四国鉄道文化館

南 正時（みなみ まさとき）
1946年福井県生まれ。鉄道写真家。アニメーター大塚康生氏の影響を受け蒸気機関車の撮影に魅了され、以後50年以上に渡り鉄道を撮り続ける。1971年に鉄道写真家として独立、以後新聞、鉄道雑誌、旅行雑誌にて撮影、執筆で活躍。勁文社の鉄道大百科シリーズをはじめとして著書は50冊以上を数える。鉄道のほか湧水、映画「男はつらいよ」がライフワーク。鉄道博物館にて企画展4回開催、巡回展・旧新橋停車場、南正時写真活動60年記念写真集『南正時　ふくいの鉄道写真』（2024年8月　福井新聞社）

編集／揚野市子
カバーデザイン／天池聖
本文デザイン／田中麻里（フェルマータ）
編集協力／小佐野景寿

新幹線60年大百科

2024年10月1日　初版第1刷発行

著者　南 正時
発行人　山手章弘
発行　イカロス出版株式会社
〒101-0051　東京都千代田区神田神保町1-105
contact@ikaros.jp（内容に関するお問合せ）
sales@ikaros.jp（乱丁・落丁、書店・取次様からのお問合せ）

印刷・製本　株式会社シナノパブリッシングプレス

・乱丁・落丁はお取り替えいたします。
・定価はカバーに表示してあります。

Printed in Japan
ISBN 978-4-8022-1496-4